LES

COURTISANES

CÉLÈBRES

PARIS. — IMP. SIMON RAÇON ET COMP., RUE D'ERFURTH, 1.

LES
COURTISANES
CÉLÈBRES

PAR

L. LEMERCIER DE NEUVILLE

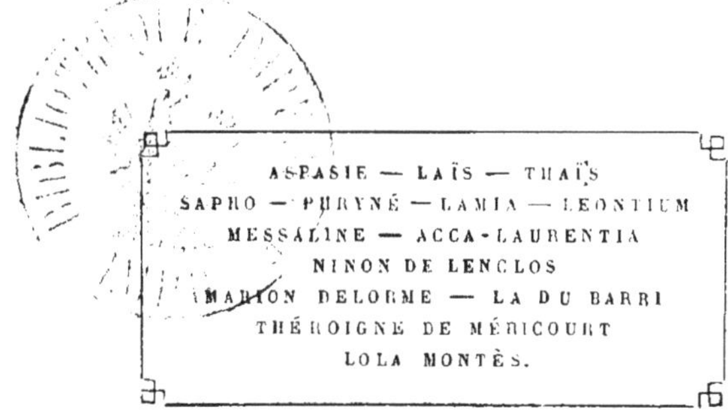

PARIS

ARNAULD DE VRESSE, ÉDITEUR

55, RUE DE RIVOLI

—

1864

PRÉFACE

Ce livre peut être sérieux, comme il peut être frivole.

De toutes façons, il ne saurait être banal.

Le public lecteur ne demande au livre qu'il achète que trois choses :

1° Que le titre ne soit pas une supercherie ;

2° Qu'il l'instruise, l'amuse ou l'intéresse ;

3° Qu'il soit décemment écrit.

(Le mot *décemment* est ici employé au double point de vue de la langue et des mœurs.)

L'auteur croit avoir rempli ces trois conditions.

A la critique, si la critique daigne s'occuper de lui, l'auteur répondra :

— Un livre, quel qu'il soit, est commandé ou inspiré.

Dans le premier cas, l'auteur, les bras liés, les yeux bandés, se borne à satisfaire ses éditeurs et serre les freins sans cesse à son imagination, afin de ne pas dépasser le cadre indiqué; la critique peut l'atteindre sans le blesser; — cela est triste à dire, — mais il ne se porte pas partie civile.

Dans le second cas, l'auteur joue sa partie, argent sur table, et il ne sait pas, s'il la perd, quand il lui sera permis de prendre sa revanche.

Ce livre appartient à cette seconde classe.

Un soir d'été, l'auteur se promenait sur les boulevards et remarquait, avec surprise, le nombre croissant des courtisanes libres ou patentées; il observa leur démarche, leur costume, leur allure; il surprit leurs conversations,

la tournure de leur esprit ; il étudia leurs sympathies, leurs préférences pour ne pas dire leurs
amours; il interrogea et la femme, et le livre,
et le journal; en un mot, pendant un laps de
temps nécessaire à l'étude, il s'immisça dans le
monde courtisane.

Il vit alors que ceux qui semblaient le connaître le plus ne le connaissaient pas du tout.

Dans notre siècle, où nos libertés sont régies,
où notre cœur est dirigé par la loi, où la famille
est prépondérante, où l'argent est rare, où les
gueux sont nombreux, où le costume est uni-
forme, où il n'y a ni noblesse, ni roture, où l'on
rougit d'être vertueux, où l'on n'ose pas se vanter d'être libertin, où l'on rit des femmes d'esprit qu'on appelle *bas-bleu*, où l'on raille les mères de famille, qu'on nomme *pot-au-feu*, où l'on
ne croit pas à la religion, où l'on ne croit pas à
l'honneur, où l'on se tâte, on se lorgne, on se
guette, on se recherche, on se quitte, on se
reprend, avec le doute, sans savoir pourquoi,
par besoin d'*être deux*, par peur de l'isolement;

dans ce siècle, disons-nous, que voulez-vous que fassent et que voulez-vous que soient les courtisanes?

Dégoûté, l'auteur de ce livre a voulu rechercher dans le passé pour excuser le présent.

Ce sont ses notes qui composent ce livre.

C'est à vous, lecteurs, de comparer et de conclure.

Paris, novembre 1863.

L. DE N.

LES

COURTISANES
CÉLÈBRES

ASPASIE

Ce nom ne réveille-t-il pas tout un monde de souvenirs? Avec lui ne voit-on pas se dresser Périclès, l'Olympien, ce grand homme d'État qui sut à la fois être citoyen et roi d'une république; Socrate, le sage des sages; Alcibiade, Phidias et cent autres aussi illustres? Ne voit-on pas se dessiner à l'horizon Athènes, la patrie des arts, avec sa poésie, avec sa corruption, mais aussi avec tout son prestige amoureux qui, du Céramique jusqu'au Pirée, éclatait sur les beaux visages des Hétaïres et des Pallaques?

Nous voudrions pouvoir remonter le cours des âges

pour peindre d'une façon plus fidèle ces mœurs pri-
mitives, et donner ainsi à notre narration une couleur vraiment locale; mais, à défaut de documents
exacts et surtout de l'impression visuelle et morale
indispensable à tout récit historique, nous tâcherons
d'être aussi complet que possible dans la peinture
des sentiments amoureux; car si, depuis la création
du monde, les mœurs, les coutumes, les idiomes, les
villes, les hommes et les femmes ont changé, seul
l'amour est resté le même. Un baiser d'Aspasie ne
fut pas plus puissant qu'un baiser de Ninon!

Aspasie naquit à Milet, colonie ionienne de l'Asie
Mineure. Elle était fille d'Axiochus. Milet, comme
Lesbos, patrie de Sapho, était renommé par la beauté
de ses femmes, qui toutes devenaient à Athènes des
courtisanes très-recherchées.

Pour qu'on ne s'étonne point de ce honteux privilége qu'avaient ces deux colonies grecques, il faut
qu'on sache que, dans les lois athéniennes, les enfants
légitimes d'une étrangère ne pouvaient être considé-
rés comme tels. Il n'est donc pas étonnant de voir ces
femmes si peu protégées par les lois s'affranchir des
entraves matrimoniales et se créer par leur beauté et
leur esprit une position qu'elles n'auraient pu trouver
dans l'intérieur de leur ménage.

A cette époque, à Athènes, les femmes légitimes
recevaient une éducation assez bornée. On leur ap-

prenait à filer de la laine et à distribuer leur tâche aux servantes. La jeune fille sortait du gynécée pour entrer dans la maison de l'époux. Ici comme là, elle était esclave et vivait ignorée.

La femme légitime était donc une créature entièrement passive; c'était un *pot-au-feu*, qu'on nous pardonne cette expression triviale; ses fonctions se bornaient à travailler pour le ménage et à faire des enfants[1]. C'était une marchandise vivante qu'on prenait avec sa dot, à laquelle on demandait de la fidélité et de la soumission, mais à laquelle on ne se croyait pas obligé de donner d'amour.

Sur le tombeau de la femme de ménage, on sculptait une bride, un bâillon et un hibou, symbole d'économie, de silence et de vigilance.

Avant Aspasie, il y eut à Milet une autre femme célèbre aussi par sa beauté, et nommée Thargélie. Cette femme, qui joignait aux grâces de sa personne un rare esprit diplomatique, se servait de ses charmes pour faire des partisans à Xerxès, roi de Perse. Aspasie la prit pour modèle, non point pour détourner les Grecs de leur cause, mais bien pour leur donner

---

[1] Démosthène, dans son discours contre Néérée, courtisane esclave, qui fut prononcé par Apollodore, parle ainsi :

« Nous avons des courtisanes pour le plaisir, des concubines pour le service journalier; mais des épouses pour nous donner des enfants légitimes, et veiller fidèlement à l'intérieur de la maison. »

au contraire ces hautes leçons d'économie politique et d'éloquence qui lui firent s'attacher Périclès. L'union intime qu'il y eut entre cet illustre homme d'État et la courtisane est assez célèbre pour qu'on s'appesantisse dessus.

Périclès était marié ; l'histoire, qui ne dit rien de sa femme, laisse à supposer qu'elle était comme toutes les ménagères d'Athènes : précieuse dans la vie matérielle, nulle dans la vie intellectuelle. A un homme comme Périclès, il fallait autre chose. Que lui importait la vie animale, à cet homme public dont la tête seule travaillait !

Il connut Aspasie.

Ce qui l'attira d'abord vers elle, ce fut sa beauté.

Cet attrait, qui paraîtrait peut-être puéril aux diplomates sérieux de nos jours, avait plus d'importance dans l'antiquité.

On adorait la beauté.

Vénus avait mille temples.

Il y avait des concours de beauté, destinés à perpétuer la race.

Lycurgue, dans l'organisation de sa république, ordonnait de jeter dans un gouffre les enfants mal conformés.

Platon était du même avis.

Il ne faut donc pas s'étonner qu'un homme sérieux comme Périclès fût d'abord attiré vers Aspasie par sa beauté plastique, avant d'être retenu près d'elle par le charme de sa conversation et la profondeur de son esprit. A cette époque on était essentiellement artiste, aujourd'hui on se fait gloire de ne pas l'être. Périclès, dit l'histoire, dut à Aspasie ses premières leçons d'éloquence.

De nos jours on admettrait facilement que Rachel ou mademoiselle Georges eût donné des leçons de déclamation à quelques-uns de nos avocats distingués ou à quelque député éloquent, — si toutefois on voyait un jour l'avocat ou le député quitter la tribune pour enjamber les planches du théâtre et échanger la robe noire contre la robe prétexte ou le manteau consulaire; mais il serait plus difficile de faire accroire que l'Aspasie de chacun de ces Périclès eût changé de robe et leur eût donné des leçons d'éloquence.

Mais Aspasie n'était pas une femme ordinaire. Quoique destinée par sa beauté, par sa conduite et par sa position, à être une vulgaire hétaïre, c'est-à-dire, pour parler le langage actuel, une femme galante, Aspasie, par ses relations avec ce que la Grèce avait d'hommes distingués, par sa haute intelligence, par son crédit immense, s'était placée sur un piédestal tellement élevé qu'à la distance à laquelle il était permis d'admirer la statue, on n'en voyait que les beautés.

Elle n'avait pas arrêté son esprit aux connaissances

superficielles de la femme aimable, elle avait au contraire cherché à réunir dans sa personne une perfection qui ne s'est plus rencontrée depuis ; et ses études, toutes portées vers l'éloquence et la politique, ne nuisirent jamais à sa grâce ni à ses charmes. Les sciences physiques ne lui étaient pas même étrangères, puisque Anaxagoras, l'homme le plus célèbre, à cette époque, dans cette partie de l'instruction, ne lui était pas comparé.

Elle connaissait, aussi parfaitement que les hommes d'État les plus habiles, la constitution des divers États de la Grèce, et distinguait avec la même pénétration toutes les circonstances imprévues d'où dépendaient souvent leurs intérêts respectifs.

Les historiens, tout en rendant justice aux mérites d'Aspasie, se sont complu à la taxer de dépravation et l'ont reléguée dans un certain milieu d'avilissement hors duquel, nous l'avouons, nous aurons beaucoup de peine à la faire sortir. Cependant, après les recherches nombreuses que nous avons faites sur cette illustre courtisane, nous sommes disposé à être moins sévère que nos devanciers, non par une indulgence, — coupable chez un historien, — mais par les réflexions que les actes de sa vie nous ont suggérées et les comparaisons que cette étude nous a permis de faire.

Nous ferons donc deux portraits de cette femme célèbre :

L'un sera celui d'Aspasie la courtisane, la maîtresse de Périclès, de Socrate (si toutefois ce sage a oublié de l'être un jour!), de Lysiclès, le marchand de bestiaux, et de tous les autres Grecs dont l'histoire a eu la complaisante pudeur de ne pas nous léguer les noms.

L'autre portrait sera celui d'Aspasie la femme d'esprit, enseignant la politique à Périclès, la rhétorique à Socrate, et ayant assez de mérite pour faire de Lysiclès, le maquignon, un homme qui, après la mort de Périclès, fut un des plus considérables d'Athènes.

La première Aspasie était le type de la beauté antique : ses cheveux, blonds comme une gerbe d'épis mûrs, étaient ondulés et couvraient ses tempes ; un voile blanc et de tissu léger étalait ses plis gracieux sur le sommet et la partie postérieure de sa tête ; ses yeux, grands et clairs, étaient ombragés par des sourcils noirs, teints avec la symnie (poudre faite avec une préparation composée de plomb et d'antimoine) ; sa bouche, ni trop grande ni trop petite, avait des lèvres pleines de sensualité ; son menton était rond et son cou parfaitement dégagé ; ses joues, pleines et fraîches, étaient légèrement enduites d'œsipon [1], bien

---

[1] L'*œsipon*, espèce de pommade composée avec le suint des

qu'elle n'en eût pas besoin, mais c'était le cold cream
de ce temps-là. Ses doigts étaient effilés et arrondis
vers le bout, et ses ongles, colorés d'un doux incarnat,
étaient sans cesse soignés par ses esclaves qui les égalisaient avec de petits couteaux très-acérés. Quant au
reste du corps, c'est le dépeindre que de dire qu'elle
a pu être le modèle des Vénus antiques qui sont par-
venues jusqu'à nous. Son costume était fort simple :
une crocata (tunique couleur de safran) couvrait ses
épaules et un strophion (ceinture riche) lui serrait la
poitrine en faisant ressortir sous son vêtement deux
seins d'un galbe parfait. Des crépides (bottines) ense-
velissaient ses pieds mignons lorsqu'elle sortait; autrement, dans l'intérieur de sa maison, elle ne portait
que des pantoufles garnies d'une épaisse semelle de
liége.

Telle était Aspasie la courtisane!

Que le lecteur nous permette de l'introduire dans
la demeure de cette femme illustre.

Non loin du temple de Minerve se trouvait une
habitation d'apparence modeste, comme toutes celles
des Grecs de cette époque, qui réservaient le luxe
pour l'intérieur de leurs maisons ou l'extérieur de
leurs temples. L'entrée en était étroite. Lorsqu'on en
franchissait le seuil, on trouvait à droite les écuries et

brebis de l'Attique et le miel de Corse, qui passait pour avoir la
propriété d'enlever les taches de la peau.

à gauche la loge du portier, qui était un eunuque.

En sortant de ce vestibule, on entrait dans une cour dont trois des côtés avaient des portiques. Au midi se trouvaient deux pilastres sur lesquels reposaient les poutres destinées à soutenir le plancher. La saillie qu'ils faisaient formait le *prostas* ou *parstas*, espèce de galerie dont les murs et les plafonds étaient ornés avec goût.

Autour des portiques se trouvaient les salles à manger et quelques autres pièces destinées aux usages communs de la maison. Plus loin, on voyait une seconde construction avec des cours très-spacieuses. Chacune de ces cours était entourée de quatre portiques avec des galeries et des portes particulières qui conduisaient aux appartements des hôtes d'Aspasie.

La chambre où la courtisane se trouvait le plus souvent et où elle recevait ses admirateurs-adorateurs était petite; le plafond, en forme de voûte, était fait de roseaux fendus revêtus de stuc. Sur ce revêtement inaltérable un peintre habile avait représenté la naissance de Vénus. Les murs étaient également décorés de sujets érotiques, mais nullement licencieux. Le pavé était en mosaïque.

Aspasie était couchée sur un lit d'ivoire sur lequel étaient étalées de riches draperies de pourpre; d'une main elle tenait un miroir de Brindes en cuivre mêlé d'étain, de l'autre elle jouait au *penthalite* avec cinq osselets qu'elle jetait en l'air pour les recevoir sur le dos de la main.

Autour d'elle, groupées d'une façon voluptueuse, étaient une dizaine de jeunes filles, toutes jolies et bien faites, écoutant avec attention les conseils d'Aspasie, qui semblait, avec son doux langage lesbien, répandre autour d'elle des perles et des pierres précieuses.

Vers le milieu du jour, des esclaves apportaient au milieu de cette chambre une table en bois poli, ayant la forme d'un parallélogramme dont les pieds, travaillés en ivoire, représentaient des lions; les lits, recouverts d'étoffes précieuses, étaient alors rapprochés de la table autour de laquelle les femmes prenaient place. C'était le seul repas de la journée; le peuple et les soldats seuls faisant deux repas. Les gens riches ne s'asseyaient qu'une fois par jour à table après avoir pris quelque chose le matin.

On servit alors dans des plats carrés plusieurs espèces de coquillages, les uns tels qu'ils sortent de la mer, d'autres cuits sous la cendre ou frits dans la poêle, la plupart assaisonnés de poivre et de cumin. On présenta ensuite des choux-fleurs et des œufs de poule et de paon, — ces derniers étaient plus estimés; — puis des andouilles, des pieds de cochon, un foie de sanglier, une tête d'agneau, une fraise de veau, le ventre d'une truie assaisonné de cumin, de vinaigre et de silphion. Un instant après on servit des

petits oiseaux sur lesquels on répandit un coulis tout
chaud, composé de fromage râpé, d'huile, de vinaigre
et de silphion.

Au second service, on apporta des filets de che-
vreuil, des cuisses de cerf, une hure de sanglier, des
anguilles préparées avec des betteraves et une foule
de salaisons maritimes.

Des fruits et des confitures composèrent le dessert.

Tout le temps du repas, des jeunes filles, d'une
beauté parfaite, versaient dans les coupes, qui suivant
leurs formes s'appelaient *rhyton, cylix, amphores* et
canthares, du vin de Maronée dont, suivant Homère,
la vertu était telle qu'il pouvait porter vingt doses
égales d'eau sans perdre beaucoup de sa force.

Alors Périclès, Socrate et l'élite des artistes et des
jeunes gens d'Athènes venaient voir l'illustre Aspasie
au milieu de sa cour.

Certes il fallait autre chose, à ces grands hommes,
qu'une belle courtisane entourée de jeunes filles lascives; toute autre qu'Aspasie eût pu à cette époque
séduire par sa beauté Périclès, Alcibiade et tant d'autres; mais aucune, nous le pensons du moins, n'eût
pu enchaîner le sage Socrate au point que le poëte
élégiaque Hermésianax nous le fait voir :

« Vénus, dit-il, se vengea sur lui de son austère
sagesse en l'enflammant pour Aspasie; son esprit
profond n'était plus occupé que des frivoles inquié-

tudes de l'amour. Toujours il inventait de nouveaux prétextes pour retourner chez Aspasie, et lui, qui avait démêlé la vérité dans les sophismes les plus tortueux, ne pouvait trouver d'issues aux détours de son propre cœur. »

On dit aussi qu'Aspasie elle-même adressa des vers à Socrate pour le consoler de l'amour malheureux qu'il ressentait; mais il est permis de penser qu'elle s'enorgueillissait un peu d'un empire dont Socrate pouvait toujours se dégager à son gré.

Quoi qu'il en soit, si Aspasie n'a pu avoir ou n'a pas voulu avoir Socrate pour amant, il est certain toutefois qu'elle l'a eu pour élève : soit qu'elle lui apprît l'art de la controverse, qu'une femme comme elle devait posséder à fond, soit que ses mœurs dépravées lui servissent d'enseignement pour diriger sa conduite et fortifiassent sa vertu.

Périclès entrait chez elle comme en pays conquis. En effet, il était aimé d'Aspasie et l'aimait beaucoup. Lorsqu'il entrait chez elle, il l'embrassait deux fois, et cette caresse était encore deux fois répétée lorsqu'il la quittait.

Mais ces baisers amoureux ne prouveraient rien si Alcibiade n'avait montré publiquement que son affection pour Aspasie était réellement sincère.

Voici dans quelle occasion.

Autrefois, comme aujourd'hui, le mérite ou la

faveur était entouré d'ennemis ; les ennemis de Périclès, ne pouvant l'attaquer lui-même, s'en prirent à
ses amis, et avec un raffinement de cruauté, ils le
frappèrent à la fois dans son cœur, dans son esprit
et dans ses principes. Anaxagore, Phidias et Aspasie
furent accusés d'impiété.

Anaxagore de Clazomène révélait une doctrine nouvelle en annonçant un esprit divin, existant et vivifié
par lui-même, comme la cause et le moteur unique du
monde matériel.

Selon lui, l'intelligence créatrice et souveraine était
particulièrement distinguée de *l'âme du monde*, expression qu'il employait pour désigner les lois que
l'Éternel a imprimées à ses ouvrages.

Dieu n'animait pas la matière, il lui donnait l'im-
pulsion ; il ne pouvait pas être renfermé dans les
entraves d'une substance qui s'altère et change de
modifications ; sa nature était pu. , spirituelle et
incapable d'être souillée par aucun mélange cor-
porel.

Socrate, élève d'Anaxagore, développa et compléta
ensuite ce système.

Tel était l'homme qu'on accusait d'impiété !

Quant à Phidias, il avait fait le Parthénon avec les
architectes Ictinos et Callicratides ; le temple d'É-
leusis avec Coroebos, Métagène et Cholarge, l'Odéon
avec les conseils de Périclès, les Propylées avec

Mnésiclès, et quant à la statue d'or de Minerve, il s'était réservé la gloire de la créer tout entière de ses mains.

Cet édificateur des temples des dieux fut aussi accusé d'impiété.

Pour Aspasie, nous la connaissons.

Périclès plaida la cause de ses amis. Son éloquence fut stérile pour Anaxagore et Phidias.

Le premier prit la fuite, le second périt dans les fers; mais lorsque Périclès entendit Hermippus accuser Aspasie d'avoir outragé la religion par ses discours et les mœurs par sa conduite, il ne put retenir ses larmes, et ce moment de sensibilité de la part du premier homme de la république pour une courtisane méprisée désarma les juges qui venaient d'être inflexibles pour la vertu et le talent.

L'accusation d'impiété portée contre Aspasie, à côté de Phidias et d'Anaxagore, nous semble être, — à nous et avec nos mœurs, — une puérilité ou plutôt un prétexte; mais il est une autre accusation faite par l'histoire et qui, ce nous semble, a une haute portée.

Quelques poëtes comiques du temps ont accusé Aspasie de tenir une école de mauvaises mœurs et d'en donner à la fois l'exemple et les préceptes; ils ont dit qu'elle entretenait des courtisanes chez elle, et d'autres ont ajouté que c'était pour servir aux plaisirs de Périclès.

Cette imputation nous semble peu vraisemblable, et, quoi qu'en ait dit Plutarque, il faut supposer que ce biographe a confondu notre héroïne avec une autre Aspasie dont l'histoire ne parle que pour la flétrir.

Lorsque Périclès connut à fond tous les mérites d'Aspasie, il sentit qu'elle lui était devenue indispensable; il répudia sa femme et épousa la courtisane.

Il en eut un fils auquel les Athéniens accordèrent le titre de citoyen.

Voici quelle était la femme d'amour :

Elle était belle, elle aimait Périclès et en était aimée; elle avait une cour de gens d'esprit, de philosophes et de gens riches, et elle vivait des présents de ses adorateurs.

Maintenant, quelle était la femme philosophe?

Il doit sembler étonnant de voir Socrate venant chercher des leçons de sagesse chez Aspasie, et Périclès y venant étudier la politique; mais cette femme vraiment hors ligne avait tant observé, tant appris dans ses relations journalières avec ce que la Grèce avait de plus illustre qu'il lui était facile de donner des conseils.

Elle acquit ainsi une grande influence.

D'après Aristophane, elle fut cause de la guerre du Péloponèse.

De jeunes Athéniens ivres enlevèrent de Mégare

une courtisane de cette ville ; les Mégariens, pour se venger, enlevèrent à leur tour deux des compagnes d'Aspasie. Périclès prit fait et cause pour sa maîtresse, Mégare fut maltraitée si durement qu'elle demanda du secours à Sparte, — *inde iræ !*

On l'accusa encore d'avoir été cause de la guerre entre les Athéniens et les Samiens.

Ces accusations n'empêchèrent pas cependant les historiens de se souvenir de ses bonnes actions.

Tout le monde connaît Xénophon, le célèbre historien-capitaine de la retraite des Dix Mille ; tout le monde sait ses disputes de ménage, mais tout le monde devrait se souvenir que c'est à Aspasie qu'il dut d'en voir la fin, car la philosophie et l'éloquence de la courtisane eurent assez de pouvoir sur la femme mariée pour la rendre soumise, affectueuse et dévouée à son mari.

Périclès mourut la troisième année de la guerre du Péloponèse.

Aspasie épousa par la suite un nommé Lysiclès, marchand de bestiaux, et le métamorphosa en homme puissant et considéré dans Athènes.

Nous avons rapporté tous les jugements des historiens sur Aspasie. Qu'on nous permette, après eux, d'émettre le nôtre.

Aspasie était une femme d'esprit, mais non une femme de cœur.

Aspasie n'aima jamais.

Les débauches d'Aspasie devaient être calculées. Tout chez cette femme était ambition et vanité; jusqu'à son mariage avec Lysiclès : elle voulut montrer qu'elle avait su faire un homme d'une brute.

Aspasie n'est pas une courtisane, c'est le maître de Périclès et de Socrate.

LAÏS

Laïs naquit à Hyccara, en Sicile. Elle fut transportée en Grèce lorsque Nicias, général athénien, ravagea sa patrie. Corinthe eut les prémices de sa lubricité.

Un mot sur Corinthe.

Corinthe était une ville excessivement débauchée. Les femmes s'y distinguaient par leur beauté, les hommes par leur avidité pour l'or et les plaisirs.

Chez ces derniers, l'amour n'était plus que de la licence. Pâle et efféminé, on voyait le Corinthien, le front ceint d'une couronne de roses, se lever de table en trébuchant, ayant à peine la force de se rendre au lit parfumé où l'attendait l'hétaïre préférée.

Les Corinthiens portèrent la dissolution et l'amour des femmes à un tel excès, qu'ils consacrèrent les plus monstrueuses infamies sous les dehors de la religion. Ils ne rougirent pas d'employer dans leurs fêtes, et dans les cérémonies publiques, le ministère des courtisanes. Ils avaient même des formules de prières pour intéresser le ciel dans leurs débauches. Les vœux qu'ils adressaient à leurs divinités se bornaient souvent à leur promettre d'augmenter le nombre des courtisanes.

De tels débordements donnèrent lieu à l'expression de *Corinthiar*, pour désigner un libertinage outré.

L'Asie, mère patrie de la volupté, produisit ces courtisanes dangereuses, dont les gestes lascifs et les occupations impudiques s'accordaient avec la morale relâchée des Ioniens et se trouvaient même excités et encouragés par la corruption de la superstition païenne.

Dans la plupart des colonies grecques d'Asie, on avait érigé des temples à la *Vénus terrestre*, où les courtisanes n'étaient pas simplement tolérées, mais honorées comme prêtresses de cette divinité complaisante.

Qui le croirait? Ce fut Solon qui, le premier, importa à Corinthe cette innovation de l'Orient. Ce fut

lui qui, d'après Nicandre, de Colophon, bâtit, le premier, un temple à *Vénus courtisane*, de l'argent que
les matrones, qui présidaient aux débauches publiques, avaient amassé.

Cet établissement une fois fait, les courtisanes les
plus distinguées par leur beauté, l'art de la faire valoir et d'autres talents naturels, ne tardèrent pas
à acquérir de la célébrité et à jouir de la considération que pouvait accorder à cette sorte de mérite un
peuple très-voluptueux.

Voici ce que dit Philémon à ce sujet dans ses *Delphes :*

« Solon, tu as vraiment été le bienfaiteur du genre
humain! Car on dit que c'est toi qui as, le premier,
pensé à une chose bien avantageuse au peuple, ou
plutôt au salut public. — Oui, c'est avec raison que
je dis ceci, lorsque je considère notre ville pleine de
-jeunes gens d'un tempérament bouillant et qui, en
conséquence, se porteraient à des excès punissables.—
C'est pourquoi tu as acheté des femmes et les as placées dans des lieux où, pourvues de tout ce qui leur
est nécessaire, elles deviennent communes à tous
ceux qui en veulent.

« Les voici dans la simple nature, vous dit-on ; pas
de surprise, voyez tout. N'avez-vous pas de quoi vous
féliciter? La porte va s'ouvrir si vous voulez, il ne
faut qu'une obole. Allons, faites un saut : entrez! On

ne fera pas de façons ; point de minauderies ; on ne se sauvera pas ! »

Décidément Solon est un grand homme, car ses institutions ont traversé les âges sans se détériorer !

Comme nous l'avons dit, les courtisanes étaient préférées pour présenter des vœux à Vénus.

C'était un usage ancien à Corinthe, de prendre toutes les courtisanes qu'on pouvait réunir pour présenter à Vénus les vœux de la ville, lorsqu'on la priait pour des choses importantes ; et lorsqu'elles avaient présenté les vœux à la divinité, elles se retiraient du temple les dernières de toute l'assemblée.

Ce furent aussi les courtisanes de Corinthe qui allèrent présenter, dans le temple de Vénus, les vœux des Grecs pour le salut commun, lorsque le roi des Perses, Xerxès, envahit la Grèce avec son armée. C'est pourquoi les Corinthiens offrirent à la déesse un tableau dans lequel on voyait chacune des courtisanes qui avaient fait les prières et qui étaient demeurées dans le temple.

Lorsque des particuliers faisaient des vœux à cette divinité, ils lui amenaient un nombre déterminé de courtisanes, lorsqu'ils croyaient avoir obtenu ce qu'ils demandaient. Xénophon, de Corinthe, partant pour les Jeux olympiques, fit vœu d'amener à Vénus un certain nombre de courtisanes, quand il aurait vaincu.

Bien plus ! on craignait tellement à Corinthe que

les courtisanes n'y manquassent, qu'on faisait acheter
dans les pays voisins, dans les îles de l'Archipel surtout et jusqu'en Sicile, des jeunes filles que l'on élevait pour les prostituer lorsqu'elles auraient atteint un
âge convenable pour répondre aux désirs du public.
On les voyait croître, on jugeait par leurs traits nais-
sants de la réputation qu'elles devaient se faire un
jour.

Revenons à Laïs.

Laïs était admirablement belle. Les peintres venaient la visiter pour dessiner l'ensemble de sa gorge
et ses seins, dont la perfection était extrême.

Phryné, qui avait les mêmes qualités physiques,
lui inspira une profonde jalousie :

« Ah! dit-elle, les artistes me quittent pour aller
la voir, eh bien ! ils ne jouiront plus désormais de ce
privilége exclusif. »

En effet, depuis lors elle reçut chez elle une foule
d'adorateurs, sans distinction du riche ou du pauvre,
ni même de ceux qui en usaient mal avec elle.

Laïs avait un faible pour les philosophes.

On cite parmi ceux-ci : Diogène le Cynique, et Aristippe, l'Épicurien.

Le premier fut aimé avec passion.

Un jour les deux philosophes se rencontrèrent. Aucun d'eux n'ignorait les amours de l'autre.

« Quoi! Aristippe! dit Diogène, tu as des relations avec Laïs? Termines-en bien vite, ou sois cynique comme moi!

— Mais, répond Aristippe, crois-tu donc, Diogène, qu'on ne doive pas habiter une maison parce que d'autres y ont demeuré auparavant?

— Non, dit Diogène.

— N'en est-il pas de même d'un vaisseau où d'autres ont navigué? poursuit Aristippe.

— Oui certes! répond Diogène.

— Eh bien! ajoute Aristippe, il en est de même d'une femme que d'autres ont possédée. »

A cela Diogène n'eut rien à répondre.

« D'ailleurs, poursuivit Aristippe, je possède Laïs, mais elle ne me possède pas!

— Cependant, dit un disciple de Diogène qui avait écouté l'entretien, Laïs se vend à vous, tandis qu'elle se donne à Diogène!

— Que m'importe! répondit Aristippe, je l'achète pour m'en servir, et non pour empêcher qu'un autre ne s'en serve.

— Mais elle ne vous aime pas, dit le disciple.

— Bah! répliqua Aristippe, je ne pense pas que le vin et les poissons m'aiment; et cependant je m'en nourris avec beaucoup de plaisir! »

Si philosophe qu'il fût, Aristippe n'en dépensa pas moins une bonne partie de son patrimoine avec Laïs.

La courtisane le raillait elle-même ainsi que Diogène.

« Je ne sais ce qu'on entend, disait-elle, par l'austérité des philosophes ; mais avec ce beau nom ils ne sont pas moins souvent à ma porte que les autres Athéniens. »

La renommée de Laïs se répandit dans toute la Grèce. Le célèbre Démosthène voulut la voir et fit exprès le voyage de Corinthe. Laïs, comme prix de ses faveurs, lui demanda environ la valeur de quatre mille francs de notre monnaie.

« Adieu, lui dit-il, en partant aussitôt, je n'achète pas si cher un repentir. »

De là sans doute est venu ce proverbe cité par Horace :

Non licet omnibus adire Corinthum.

(Il n'est pas permis à tout le monde d'aller à Corinthe.)

Laïs était capricieuse. Si Démosthène et Aristippe étaient tarifés à la porte de son cœur, Diogène ne l'était pas. D'autres même, à prix d'or, ne purent obtenir ses faveurs.

Un jour, le sculpteur Myron se présenta chez elle ; il avait soixante-dix ans, mais il adorait Laïs. — Le cœur n'a point d'âge.

Il fut éconduit.

Le vieillard s'en prit à ses cheveux blancs, mais il ne se découragea pas. Le lendemain il revint chez elle, parfumé, les cheveux teints et vêtu d'une robe éclatante.

A cette vue Laïs se mit à rire et lui dit :

« Vous êtes fou, mon cher, vous venez mé demander ce que j'ai refusé hier à votre père. »

Laïs vieillit dans l'amour ; mais si son tempérament se soutint dans un âge avancé, ses charmes ne l'accompagnèrent pas jusqu'à la tombe.

Voici en quels termes Épicrate, poëte comique, dépeint la vieillesse de Laïs :

« Cette Laïs est à présent oisive et ivrognesse ; elle ne fait que regarder toute la journée ceux qui boivent et qui mangent. Elle me paraît assez ressembler aux aigles, qui, dans la force de leur âge, s'élancent des montagnes pour enlever et dévorer des chevreaux et des lièvres, tant ils sont vigoureux ; mais qui dans la vieillesse se tiennent sur les faîtes des temples, dévorés eux-mêmes par la faim, et que l'on considère comme de mauvais augure. Laïs pourrait donc bien être regardée de même. En effet, lorsqu'elle était jeune, et dans toute sa fraîcheur, elle aimait l'argent, et était d'une extrême fierté. On aurait plutôt eu audience de Pharnabase que d'elle. Mais depuis que les années l'ont portée au bout de sa carrière et que le bel ensemble de sa personne est tombé en ruine, il est très-facile de la voir : aussi va-t-elle de tous côtés boire avec le premier venu. Un statère, une pièce de trois oboles est une fortune pour elle ; jeune, vieux, elle reçoit tout le monde ; enfin elle est si apprivoisée qu'elle tend la main pour recevoir l'argent qu'on veut bien lui donner. »

Affreuse destinée du vice !

Cependant cette vieille femme aima encore une fois, mais ce fut la dernière. L'amour qui la fit vivre si longtemps, la fit mourir. Son dernier amant fut un jeune homme nommé Pausanias. Elle fit le voyage de Thessalie pour aller le voir, mais des femmes jalouses jusqu'à la fureur en apprenant le but de son voyage, l'assommèrent avec leurs galoches de bois dans un temple de Vénus.

Sa mort eut lieu vers l'an 340 avant l'ère chrétienne.

On voyait son tombeau sur les bords du Pénée, surmonté d'une urne de pierre, avec cette inscription :

« La Grèce glorieuse et invincible fut esclave de la divine beauté de Laïs, que l'Amour engendra, que Corinthe nourrit, et qui repose dans les belles campagnes de la Thessalie. »

La Grèce lui éleva des monuments.

Pauvres Grecs, qui élèvent des monuments à Laïs et condamnent Socrate à boire la ciguë !

SAPHO

Quoique les historiens ne nous aient laissé sur
Sapho que des documents inexacts, et que les biographes, pour poétiser sans doute la *dixième Muse*, se
soient complu à faire les anachronismes les plus gros-
siers en citant ses amants, nous allons tâcher de
reconstruire, au milieu de toutes ces incertitudes,
une histoire qui, d'après nos recherches, ne devra
pas beaucoup s'éloigner de la vérité.

Sapho naquit à Mitylène, capitale de Lesbos, vers
590, c'est-à-dire 612 ans avant notre ère. Son père,
suivant l'opinion la plus commune, s'appelait Scaman-

dronyme, et sa mère Cleïs. Elle eut trois frères : Larichus, Eurigius et Charaxe.

Sapho était brune et d'une taille médiocre; il paraît même qu'elle n'était pas régulièrement belle; les écrivains qui la louent le plus en conviennent; mais le feu de son âme, source de son génie, devait se peindre dans ses regards et imprimer à ses traits un caractère de passion et d'énergie supérieur à la beauté même.

Mariée presque au sortir de l'enfance avec Cercola, l'un des plus riches habitants de l'île d'Andros, elle en eut une fille appelée Cleïs, du nom *de son aïeule*.

Un prompt veuvage la rendit aux dangers d'un nouvel état que son extrême jeunesse, son goût pour la liberté et sa complexion délicate ne devaient pas lui faire appréhender.

Sapho réunit bien vite autour d'elle les plus grands poëtes et les femmes les plus célèbres de la Grèce : Gongire de Colophone, Eunice de Salamine, Damophile de Lesbos, Thélésile de la Laucride et la jeune Erinne de Téos, qui mourut à dix-neuf ans, après avoir fait un poëme de trois cents vers intitulé : *la Quenouille;* puis venaient Archiloque, Hipponax et Alcée.

Le premier malheur de Sapho fut de trop plaire à ces trois derniers : Athénée ne nous apprend point si l'un des trois fut préféré.

Alcée surtout signala sa jalousie et surpassa ses rivaux dans ses emportements contre sa maîtresse. Il était un des premiers citoyens de sa république, homme de guerre et à la tête d'un parti qui se trou-. vait alors le plus puissant.

Né à Mitylène, il s'honorait d'avoir Sapho pour compatriote et pour rivale; elle à son tour le nommait : *le chantre de Lesbos*.

Elle ne crut pas cependant que les beaux vers d'un sexagénaire dussent lui tenir lieu de jeunesse et de grâce : l'amant s'en plaignit et murmura ; mais le poëte qui venait de consacrer l'éloge du cœur et des talents de son amante ne tarda pas à déchirer ses mœurs et ses ouvrages.

On doit rendre cette justice aux Mityléniennes, qu'elles se déclarèrent aussitôt contre Alcée et qu'elles prêtèrent à Sapho dans cette occasion un appui que lui avait ménagé sa gloire et peut-être la nature de ses faiblesses.

A ce sujet,— et nous en demandons pardon à Mme Dacier qui a voulu la justifier,— il convient de dire que Sapho, qui était la passion même, n'a pas su la restreindre dans des bornes permises, et que, loin de cacher cette dépravation morale, Sapho l'immortalisa même dans ses vers, comme le prouve ce fragment, intitulé : *A une Femme aimée*.

« Celui qui est toujours auprès de toi, et qui écoute

ton doux langage et qui regarde ton doux sourire, est assurément aussi heureux que les dieux ! C'est ce sourire et ce parler qui mettent le trouble dans mon cœur, car sitôt que je te vois, la parole me manque, je deviens immobile, un feu subtil se glisse dans mes veines, mes yeux ne voient plus, mes oreilles bourdonnent, une sueur froide me pénètre, je tremble de tous mes membres, je deviens pâle, je suis sans pouls et sans mouvement. Je crois que je vais mourir ! »

Or, quand on saura que Sapho aimait une femme nommée Dorique, à laquelle sont adressés ces vers, et que cette Dorique était la maîtresse de Charaxe, le frère de Sapho, en lisant ces vers pleins de passion et de jalousie, on ne doutera plus du fatal penchant de la dixième muse.

Cependant l'histoire sembla jalouse des indiscrétions des commentateurs et des romanciers ; elle emprunta à la fiction ses couleurs séductrices et composa, pour absoudre son héroïne, la fable ingénieuse de Phaon.

Phaon était le plus beau des Lesbiens, il attirait tous les regards et tous les cœurs ; Sapho eut le bonheur dangereux d'être préférée. Alcée, furieux, répandit de nouvelles satires contre elle, et les Lesbiennes, devenues plus crédules, crurent aux dangereuses imputations d'Alcée.

Elles se réunirent toutes contre elle; ses amies même la trahirent.

Damophile, une de ses élèves les plus chéries, lui porta le coup le plus sensible : elle amena Phaon à douter de la fidélité de son amante. — Phaon s'éloigna de Sapho sans quitter Mytilène. Sapho n'en parut que plus admirable; elle ne trouva dans son cœur ulcéré que les gémissements de l'amour malheureux et de la douleur sans murmure.

« Ah! disait-elle, je retourne mes membres sur ma tendre couche;

« La lune s'est plongée dans la mer,

« Et avec elle les pléïades; la nuit est à son milieu,

« L'heure passe,

« Et je suis couchée solitaire! »

Que de poésie et d'amour dans ce fragment! Elle attend Phaon et Phaon ne vient pas! Elle se couche, le sommeil la fuit; elle ne peut dormir et l'insomnie vient la tourmenter; elle se tourne et se retourne sur son lit; son lit où jadis…!

Et alors elle compte les heures, qui s'écoulent lentement, lentement, et Phaon ne vient pas…

Et elle est « couchée solitaire! »

Dans un autre fragment elle dit :

« Je ne crois pas que mes chants touchent le ciel… le ciel est sourd! »

Pauvre femme!

Puis alors la jalousie vient s'emparer d'elle ; mais Sapho n'éclate pas en remontrances ; elle n'a ni fiel, ni menaces pour celui qui l'a dédaignée, pour celle qui lui a brisé le cœur :

« Tu m'oublies, dit-elle à Phaon, ou tu aimes une autre que moi entre les mortelles! »

Puis elle craint que sa jalousie n'envahisse son âme et ne la dégrade :

« Quand la colère envahit l'âme, dit-elle, il faut empêcher la langue de se répandre en injures!

« Je ne suis pas de celles qui gardent leur colère, j'ai l'âme bonne! »

Jamais le moindre mot contre le coupable, jamais l'ombre d'une plainte contre ses ennemis, sans en excepter Damophile.

Phaon fut bien malheureux de ne revenir à elle que par amour-propre, et de n'être sensible qu'au plaisir d'entendre retentir son nom dans toute la Grèce, immortalisé par les chefs-d'œuvre de tendresse et de poésie qu'il ne méritait pas d'inspirer.

Aussi le retour de Phaon ne fut-il que la matière d'un nouveau tourment pour une infortunée qu'il abandonna une seconde fois.

C'est dans la peinture qu'elle fit de son désespoir qu'Ovide a puisé ces traits d'éloquence et de flamme qui animent la plus touchante de ses héroïnes.

Qu'en se figure cette amante au milieu de ses

concitoyens qu'elle honore, devenue l'objet de la haine et du mépris public, lasse de poursuivre par les lettres les plus passionnées un ingrat qui rit de ses larmes, Sapho enfin, venant jusqu'en Sicile tomber aux pieds d'un jeune homme qui la repousse avec dédain.

Ce dernier trait mit le comble à son désespoir ; elle voulut renoncer à son amour même !

Nos lecteurs devinent sans doute que nous allons leur parler de la mort de Sapho, mais ils ne seront peut-être pas fâchés d'avoir préalablement quelques détails historiques à ce sujet.

L'île de Leucade est située dans la mer Ionienne, devant les côtes de l'Acarnanie. A l'une des extrémités de l'île, vis-à-vis de Céphalonie, s'élève une montagne très-haute dont la pointe est un rocher toujours environné de nuages et de brouillards, qui s'avancent au-dessus de la mer.

On dit qu'un enfant, appelé Leucade, s'élança du haut de ce rocher dans les flots pour échapper aux poursuites d'Apollon et qu'il donna son nom à cette île.

Ce fut en mémoire de cet événement, peu glorieux pour ce dieu, que les habitants élevèrent un temple à Apollon sur le haut du promontoire et lui établirent un culte. Les ministres du dieu voulurent donner de la vogue à leur temple : ils publièrent que Vénus, pour se guérir de son amour après la mort d'Adonis, s'était jetée, par le conseil d'Apollon, du haut du rocher dans la mer. Il ne fallut que deux ou trois absurdités pareilles, inventées par des fourbes et répétées par la multitude, pour donner à de jeunes insensés l'envie d'essayer du même remède. On prit sans doute les précautions les plus sûres pour que les premières épreuves ne fussent pas mortelles. On commença par établir une fête en l'honneur d'Apollon et l'on fit choix d'un criminel condamné à mort que l'on obligeait à se précipiter : on eut l'attention d'attacher à ses habits des ailes d'oiseaux, et même des oiseaux vivants, qui le soutinrent en l'air et rendirent sa chute plus douce. Plusieurs petits bateaux, rangés autour du précipice, l'attendaient pour lui porter secours et, lorsqu'on le retirait des flots, on se contentait de le bannir de l'île.

C'est en accoutumant peu à peu les yeux du peuple à ce spectacle que les ministres d'Apollon eurent le barbare plaisir d'y attirer de toutes les villes de la Grèce une foule de malheureux dont la mort était leur ouvrage.

Sapho ne fut point la première personne, ni même la première femme qui eut recours à ce moyen violent, quoi qu'en ait dit Ménandre dans un passage de sa comédie intitulée : *la Leucadienne*.

« C'est là, dit-il, que Sapho, qui volait après le superbe Phaon, cédant à la violence de ses transports, vint la première se précipiter du haut de cette roche éclatante; mais ce fut, Dieu puissant qui êtes ici notre souverain! après y avoir été obligée envers vous par le vœu que vous avez prescrit. »

La grande célébrité de Sapho avait dû sans doute faire oublier les noms des femmes qui l'avaient précédée; d'ailleurs Athénée et Aristoxène font mention d'un poëme de Stésichore sur la mort d'une fille appelée Calycé, qui, ne pouvant résoudre le jeune Evathus à l'épouser, fut trouver à Leucade la fin de son amour et de sa vie.

L'histoire ne nous apprend pas que de tant de femmes qui ont fait le saut de Leucade il s'en soit sauvé une. Peut-être perdaient-elles la respiration avant que d'être tombées; peut-être n'y avait-il que les hommes les plus vigoureux qui pussent la conserver.

On enchaînait les victimes par un vœu, pour que la vue du précipice ne pût les arrêter.

On ne connaît qu'un seul exemple d'une de ces victimes qui, après toutes les cérémonies observées, étant arrivée jusqu'au bord de la roche, retourna sur ses pas et répondit à ceux qui lui en faisaient reproche qu'elle avait fait un vœu, mais qu'il lui en fallait encore un autre pour la déterminer à se précipiter.

Et encore cette victime n'était pas une femme, c'était un Spartiate!

Mais Sapho se précipita du haut du rocher de Leucade, sans reculer comme le Spartiate, sans se sauver comme Macès, l'habitant de Buthode, qui, dit-on, s'y précipita quatre fois, et quatre fois fut guéri de son amour.

Sapho composa beaucoup de poëmes dont il ne nous reste que deux fragments un peu importants : l'*Ode à une Femme aimée*, que nous avons citée plus haut, et l'*Hymne à Vénus*. Ces deux morceaux, imprimés ordinairement avec les poésies d'Anacréon, ont paru séparément à Hambourg, en 1733, avec les notes de Chrétien Wolfius, et à Leipsig, en 1810, revus par H. F. M. Vogler.

Voici l'*Hymne à Vénus* :

« Grande et immortelle Vénus, qui avez des temples dans tous les lieux du monde; fille de Jupiter qui prenez tant de plaisir à tromper les amants, je vous supplie de ne point accabler mon cœur de peines et d'ennuis!

« Mais, si jamais vous m'avez été favorable, venez aujourd'hui à mon secours et daignez écouter mes prières, comme autrefois lorsque vous voulûtes bien quitter la demeure de votre père pour venir ici.

« Vous étiez montée sur un char que de légers passereaux tiraient avec rapidité au milieu des airs.

« Ils s'en retournèrent sitôt qu'ils vous eurent amenée, et alors, charmante déesse! vous voulûtes bien me demander avec un visage riant quel était le sujet de mes plaintes et pourquoi je vous avais invoquée.

« Vous me demandâtes aussi ce que mon cœur souhaitait avec le plus de passion et quel était celui que je désirais enlacer de mon amour.

« Ah! Sapho! m'avez-vous dit, s'il te fuit maintenant, dans peu il ne pourra vivre loin de toi, et s'il refuse tes présents, bientôt il t'en fera à son tour ; s'il a de l'indifférence, il ne tardera pas à brûler d'amour pour toi.

« Aujourd'hui donc, grande déesse, venez encore, je vous en prie, me secourir et me tirer des cruelles incertitudes qui me dévorent. Faites que tous les désirs de mon cœur soient accomplis, et veuillez m'accorder votre protection ! »

Rien n'est plus gracieux que cette ode! aucune prière n'est plus pressante! Ah! Sapho, quel qu'ait été ton amant, comme tu l'as aimé!

Une autre version des historiens est celle-ci :

Sapho ne fut point l'amante de Phaon et ne fit point le saut de Leucade ; ses malheurs furent des malheurs politiques et sa fuite fut un exil. Il est probable qu'entraînée par Alcée dans une conspiration contre Pittacus, qui régnait à Lesbos, elle fut bannie de Mytilène avec ce fameux poëte et ses partisans.

D'autres biographes ont aussi donné pour amant à Sapho le doux Anacréon.

Cette allégation est excessivement poétique : unir ainsi le chantre de l'amour avec l'amour même, si l'on nous permet cette allégorie, est une fable charmante ; malheureusement Anacréon venait au monde lorsque Sapho avait déjà quarante-cinq ans, et nous ne supposons pas que le nouveau-né fut déjà de taille à inspirer ou à ressentir la moindre passion.

Mais qu'importe ! Sapho sans Phaon, sans Alcée, sans Anacréon, eût toujours été amoureuse et poëte ! Les débris de ses poésies nous prouvent assez que sa nature ardente n'avait pas besoin d'aliment ! C'est Dieu qui se charge d'entretenir le feu des volcans : pour Sapho, aucun être matériel n'alimentait la flamme de son cœur ; l'amour, chez elle, n'était pas un accident, c'était sa vie !

Sapho était tout amour !

PHRYNÉ

Phryné naquit à Thespies, en Béotie, dans le quatrième siècle avant l'ère chrétienne.

Elle n'avait pas l'esprit ni l'éducation d'Aspasie, mais sa beauté était remarquable et lui valut une fortune immense. On dit que les richesses qu'elle avait amassées étaient si considérables qu'elle offrit de rebâtir Thèbes à ses frais, si l'on consentait à mettre cette inscription sur les murs de la ville :

« Alexandre l'a renversée ; Phryné l'a relevée. »

Phryné eut beaucoup d'amants, mais elle en eut peu qui furent aussi constants que Praxitèle. Cela se conçoit aisément : il y a une affinité continuelle entre l'artiste et la belle femme. L'art, c'est le beau! Non pas le beau relatif, mais le beau absolu. Aspasie, c'était le beau absolu de l'esprit; Phryné, c'est le beau absolu du corps. Périclès aima l'une, Praxitèle aima l'autre. Mais, chez ces hétaïres célèbres, il est évident que Périclès aima surtout Aspasie comme philosophe, de même que Praxitèle aima Phryné comme modèle.

Cependant chez ce dernier, la véritable passion l'emporta un moment; car un jour qu'enivré d'amour, il se laissait aller dans les bras de sa maîtresse, il lui permit imprudemment de choisir dans son atelier une de ses plus belles statues. Phryné n'oublia pas cette parole; mais en femme aussi adroite que peu artiste, elle se garda bien de choisir elle-même le cadeau qu'on lui faisait; à l'aide d'un stratagème ingénieux elle connut bien vite quelle était l'œuvre à laquelle son amant tenait le plus.

Un jour que Praxitèle était chez la courtisane, un esclave, à qui elle avait fait la leçon, entra tout effrayé dans le boudoir de Phryné et annonça à l'artiste que son atelier était en ce moment la proie des flammes.

« Je suis perdu, s'écria Praxitèle en se dégageant des bras de sa maîtresse, car le feu a sans doute détruit mon Satyre et mon Cupidon!

— Cher bien aimé, — lui répondit Phryné en le

retenant près d'elle d'une façon charmante, — le feu n'a détruit ni le Satyre ni le Cupidon, il n'a pas même touché l'atelier, tout est intact, seulement Phryné voulait savoir quelle était l'œuvre que préférait Praxitèle. Elle le sait maintenant ; aussi vient-elle lui demander s'il veut accorder Cupidon à Phryné.

— C'était une ruse ! s'écria Praxitèle. Allons ! à toi le Cupidon ; du reste, n'es-tu pas Vénus ? »

Plus tard Phryné enrichit Thespies de ce chef-d'œuvre.

Il faut l'avouer, Praxitèle devait bien cela à Phryné, qui lui avait servi tant de fois de modèle, entre autres pour sa Vénus de Gnide.

Phryné, comme nous l'avons dit, était admirablement belle, mais surtout ἐν τοῖς μὴ βλεπομένοις, c'est-à-dire dans tout ce qu'elle dérobait aux yeux ; aussi était-elle d'une pudeur exagérée à cet égard : sa tunique lui enveloppait étroitement tout le corps, et jamais elle n'allait aux bains publics.

Une fois seulement elle se montra nue. C'était à une fête de Neptune à Éleusis ; Phryné se dépouilla de ses vêtements, déroula ses longs cheveux, et entra dans la mer comme Vénus en sortit. Le peintre Appelles, qui se trouvait là, fut tellement impressionné par un pareil assemblage de perfections, que ce fut d'après ce souvenir qu'il peignit sa Vénus Anadyomène (sortant des ondes.)

Praxitèle avait décoré le théâtre d'Athènes d'une statue de l'Amour. Il grava cette inscription sur le piédestal :

« Praxitèle a fait ici l'Amour aussi ardent qu'il l'éprouvait, tirant le modèle de son propre cœur ; il me donna à Phryné pour prix de mes faveurs. Je ne lance plus de traits ; mais je verse des philtres dans les regards brûlants que je jette. »

Il est facile de concevoir qu'une femme aussi belle et autant aimée dut inspirer beaucoup de jalousie et avoir un nombre considérable d'ennemis.

Euthias, repoussé sans doute par elle, l'accusa de ruiner et de corrompre les Grecs et d'avoir profané la majesté des mystères d'Éleusis en les parodiant. Elle fut traduite au tribunal des Héliastes. En cas de condamnation, la peine devait être capitale.

Disons en passant que toute accusation capitale faisait trembler le corps des courtisanes. Quoiqu'elles fussent fort recherchées à Athènes, le sévère aréopage les tenait dans la plus grande subordination : il avait l'œil à ce que les dissipations qu'elles occasionnaient ne devinssent préjudiciables au bon ordre de la société, en excitant les jeunes gens ou les esclaves à des vols.

La courtisane Théoris, qui exerçait les fonctions de prêtresse aux mystères de Vénus et de Neptune, fut condamnée à mort sur la délation de Démosthène, parce qu'elle conseillait aux esclaves de tromper leurs maîtres, et qu'il fut prouvé qu'elle leur en procurait les moyens.

Elles étaient traitées avec la plus grande rigueur lorsqu'elles étaient accusées de porter les fils de famille à la dissipation de leur fortune, ou de les détourner des soins qu'ils devaient prendre pour se mettre en état de servir la république. Si l'accusation était prouvée, elles étaient condamnées à mort comme coupables d'impiété ; mais très-souvent le crédit de leurs amants les mettait à l'abri de la rigueur des lois.

D'après cela on concevra facilement combien était grave l'accusation portée par Euthias. Un avocat ordinaire eût perdu une semblable cause, mais Hypéride, qui avait été l'amant de Phryné, se chargea de défendre la courtisane.

Le plaidoyer de l'orateur fut rempli d'éloquence, mais les juges d'Athènes restaient muets, et Hypéride voyait le moment où tout allait être perdu, lorsque saisi d'une inspiration subite, et se souvenant peut-être de ce qui l'avait tant charmé autrefois, il fit paraître Phryné au milieu de l'assemblée, et lui arrachant sa tunique, il découvrit aux juges l'admirable poitrine de la courtisane.

Cette péroraison inattendue désarma les juges. Ils n'osèrent condamner à mort une beauté si parfaite

consacrée au culte de Vénus et qui servait religieusement dans le sanctuaire de cette déesse.

Phryné fut absoute.

Quelque temps après on rendit un décret qui dé-
fendait à qui que ce fût d'exciter le moindre sentiment de pitié auprès des juges, et de juger un accusé,
homme ou femme, en sa présence.

L'issue du procès de Phryné causa une grande joie
chez toutes les courtisanes; l'une d'elles, Bacchis,
écrivit à Hypéride pour le remercier.

Voici sa lettre, conservée par Alciphron :

« Notre reconnaissance est générale. Chaque courtisane ne vous doit pas moins que Phryné. L'accusation portée par ce misérable Euthias ne regardait
que Phryné : l'issue du jugement nous intéressait
toutes ; car si pour ne pas obtenir d'un amant le prix
de nos faveurs, pour les accorder à ceux qui les
payent, on était accusé d'impiété, il faudrait alors
renoncer au trafic de ses charmes ; il faudrait rompre le plus doux commerce et ne plus voir ses amis.
Notre cause l'emporte, ce commerce est licite; Euthias est condamné comme le moins généreux des
amants : la droiture et l'équité, invoquées par Hypéride, sont reconnues.

« Homme bienfaisant! — Puissent les dieux vous
combler de toutes sortes de prospérités ! Ce trait vous
assure à la fois la tendresse de la plus aimable des

femmes et la reconnaissance de toutes : toutes vous en conjurent, daignez publier votre éloquent plaidoyer; je m'engage, au nom des courtisanes, à vous faire dresser une statue d'or ; désignez le lieu de la Grèce où vous voulez qu'elle soit placée. »

Il est probable qu'Hypéride refusa la statue.

On cite une anecdote assez piquante qui prouve que devant la beauté, les philosophes sont plus insensibles que les magistrats.

Phryné avait résolu de séduire le philosophe Xénocrate. A cet effet, elle l'accosta un beau jour, en feignant d'être poursuivie par des libertins, et implora sa protection. Le philosophe, par bonté d'âme, lui donne l'hospitalité. La nuit arrive, Phryné toujours tremblante ne veut pas s'en aller; Xénocrate lui dit de rester. Mais l'humble demeure ne possède qu'un lit ; comment faire?

Bah! au bout d'un moment philosophe et courtisane étaient côte à côte dessus.

Jusque-là Phryné triomphait ; mais il faut croire que ses séductions furent vaines, car le lendemain, comme on lui demandait le résultat de son entreprise :

« Xénocrate, dit-elle, n'est pas un homme : c'est une statue ! »

Praxitèle n'était pas philosophe à ce point-là. Ce grand artiste fit d'elle une statue d'or que les Thespiens placèrent dans le temple de Delphes sur une colonne de marbre pentélique, entre la statue d'Archidamus, roi de Lacédémone, et celle de Philippe, fils d'Amyntas. On y lisait cette inscription :

« PHRYNÉ DE THESPIES, FILLE D'ÉPICLÈS. »

Cratès, le cynique, passant un jour devant cette statue, s'écria :

« Voici donc un monument de l'incontinence des Grecs ! »

Phryné eut des amants jusqu'à la fin de ses jours. Elle disait qu'elle vendait encore cher la lie de son vin.

Ce fut elle qui, une des premières, se servit d'une espèce de pommade pour dissimuler ses rides.

« Phryné a fait de ses joues la boutique d'un apothicaire ! » disait Aristophane dans *les Harangueurs*.

Aristophane était cruel envers celle qui servit de type à la Vénus Anadyomène et à la Vénus de Gnide ; il est vrai qu'elle sut arrêter ses débauches à l'époque où s'envola sa beauté.

THAÏS

Alexandre le Grand, à la tête de ses armées, au milieu de ses illustres officiers, soumettant tour à tour l'Ionie, la Carie, la Phrygie, s'emparant de Tyr, de Sidon, de Gaza, de Babylone, fondant Alexandrie, poursuivant partout et toujours le célèbre Darius, roi des Perses, et remplissant le monde de sa gloire et de ses exploits, avait toujours (est-ce une faiblesse ou une précaution?) une foule de courtisanes qui le suivaient partout.

Or, lorsqu'il eut pris Persépolis, avant de quitter cette ville afin de poursuivre Darius, Alexandre con-

via ses amis à un festin où l'on but avec excès.
Parmi les femmes admises au banquet se trouvait
la courtisane Thaïs, née dans l'Attique, qui jadis
fixa par sa beauté le cœur de toute la jeunesse
d'Athènes.

Alexandre l'eut un certain temps pour maîtresse ;
on dit même qu'elle lui donna deux fils, Léontisque
et Lagus, et une fille, Irène.

A cette époque, le caprice du conquérant était
passé, et elle était la maîtresse de Ptolémée, qui
devint dans la suite roi d'Égypte.

Sur la fin du repas, elle dit en folâtrant :

« Qu'elle aurait une joie infinie si, pour terminer
noblement cette fête, elle pouvait brûler le magnifique palais de Xercès, qui avait incendié Athènes, et
y mettre elle-même le feu en présence du roi, afin
qu'on dît par toute la terre que les femmes de la suite
d'Alexandre avaient mieux vengé la Grèce des Perses
que tous les généraux qui avaient combattu pour
elle par terre et par mer. »

Soudain les convives applaudissent à ce discours
d'une bacchante effrénée.

Le roi se lève de table couronné de fleurs et s'avance
une torche à la main ; la troupe des convives le suit
en dansant et en sautant ; les Macédoniens accourent
avec des flambeaux, et en peu d'instants le palais fut
embrasé.

A part ses mœurs dissolues, Thaïs était une femme d'esprit.

Autrefois, les courtisanes de quelque réputation s'occupaient de s'instruire et cultivaient les sciences ; les connaissances qu'elles acquéraient par l'étude rendaient leurs conversations plus intéressantes et leurs reparties plus vives et plus spirituelles ; on recherchait leur société avec plus d'empressement. De cette façon elles multipliaient leurs amants et augmentaient leurs profits.

Un certain fat, qui jadis avait reçu bon nombre de coups de fouet, faisait un jour l'important près de Thaïs et se complaisait à vanter le nombre de ses bonnes fortunes.

En l'écoutant, Thaïs devint visiblement triste.

« Qu'avez-vous donc? lui dit le jeune fat.

— Rien! répondit Thaïs.

— Si fait! vous paraissez contrariée!

— Oui, dit-elle, je suis en colère en voyant que vous en avez eu tant!

— Ah! reprit le jeune homme flatté, il n'y a pas de quoi.

— Je parle des coups de fouet! » ajouta malignement Thaïs.

Comme nous ne savons que fort peu de détails sur la vie de Thaïs, nous compléterons l'étude de son esprit en donnant à nos·lecteurs deux échantillons de sa correspondance.

La lettre suivante est adressée à une de ses amies :

« Je n'aurais jamais imaginé qu'après avoir vécu dans la plus intime familiarité avec Euxippe, je serais contrainte d'en venir avec elle à une rupture ouverte. — Je ne lui reproche pas tous les services que je lui ai rendus lorsqu'elle débarqua dans cette ville en arrivant de Samos. J'étais alors entretenue par Pamphile : tu sais quelle était sa générosité ! Néanmoins m'étant aperçue qu'il cherchait à lier connaissance avec cette nouvelle débarquée, je cessai de le recevoir chez moi, sans autre dessein que de servir Euxippe dans cette intrigue naissante.

« Or, voici comment elle répond aux bontés dont je l'ai comblée, et cela pour plaire à son amie, Mégare, la plus décriée de toutes les courtisanes, avec laquelle j'ai eu jadis quelques différends au sujet de Straton, et qui pouvait tenir des propos impertinents sur mon compte, sans que j'en fusse surprise.

« Nous touchions aux Halœnnes [1], et nous étions toutes assemblées chez moi pour célébrer la veille de la fête ; le maintien d'Euxippe m'a étonnée. Elle a semblé me déclarer la guerre en souriant à Mégare

---

[1] Les *Halœnnes* étaient une fête qu'on célébrait en l'honneur de la vendange, lorsqu'on avait goûté le vin nouveau et recueilli tous les fruits.

de la façon la plus niaise et en lui adressant quelques
fades plaisanteries; elle s'est mise ensuite à chanter
tout haut des vers qui faisaient allusion à l'amant qui
m'avait quittée.

« Tout cela m'affectait fort légèrement, et ma tranquillité a donné carrière à son impudence au point
qu'elle a parlé très-insolemment du fard dont je me
servais et du rouge dont je me peignais le visage. Elle
a donc oublié l'état de misère où je l'ai vue quand elle
n'avait pas même un miroir. Si elle savait que son
teint est de couleur de sandaraque, oserait-elle parler
du mien?

« Mais dans le fond toutes ces sottises m'intéressent
peu; c'est à mes amants que je veux plaire, non à des
figures de singe, telles qu'Euxippe ou Mégare!

« Je t'ai rendu compte, ma chère, de toute cette
tracasserie, afin que tu ne me blâmes pas lorsque je
tirerai quelque vengeance de ces impertinentes créa-
tures. Ce ne sera pas par des plaisanteries ou des
injures; j'emploierai des moyens plus sûrs, plus
piquants, plus douloureux pour elles; je leur appren-
drai qu'on ne m'attaque pas impunément. Adraste!
déesse de la vengeance, ô puissante déesse! c'est toi
que j'adore en ce moment! »

Euthydème, qui fut un des amants de Thaïs, l'abandonna pour se livrer à la philosophie.

Thaïs s'en consola en lui écrivant la lettre suivante, qui est un chef-d'œuvre de raillerie et plutôt une satire contre les philosophes qu'une véritable épître.

« Depuis que vous êtes un grand philosophe, mon cher Euthydème, votre attitude est fière, votre sourcil rehaussé; relevant d'une main votre manteau, un livre dans l'autre, vous marchez d'un pas grave à l'Académie, sans détourner la tête, sans apercevoir ma porte, devant laquelle vous passez tous les jours.

« Euthydème, vous êtes fou! Vous ne connaissez pas la vanité de ce sophiste qui vous étale ses merveilleux arguments. — Qu'il m'aurait été aisé de l'enchaîner à mes pieds lorsqu'il briguait mes faveurs! — Humilié de mes refus, il s'en consola dans les bras d'Herpyllis, esclave de Mégare!

« Vous savez ce qui m'a empêché de le satisfaire, je préférais le plaisir de vivre avec vous à tout l'or des sophistes; mais puisqu'il vous éloigne de moi, rien ne m'empêchera plus de le recevoir, et, si vous le voulez, je vous ferai connaître ce maître sévère qui a tant d'aversion pour les femmes; vous verrez si, lorsque pendant la nuit il s'abandonne à la volupté, il se contente de plaisirs ordinaires. — Son extérieur grave, ses discours austères ne sont donc que supercherie et vanité pure; c'est ainsi qu'il en impose à la jeunesse dont il tire un si riche salaire. En quoi donc le sophiste diffère-t-il de la courtisane? Les moyens diffèrent, le but est le même. Nous sommes, au contraire, et meilleures et plus pieuses! Jamais nous n'avons révoqué en doute l'existence des dieux, nous qui croyons si volontiers les serments et les protestations de nos amants. Bien loin de conseiller aux citoyens de se tout permettre avec leurs plus proches parentes, notre intérêt est de les éloigner même du commerce de toutes les femmes mariées. Peut-être ne connaissons-nous pas la puissance qui forme les nuées et qui assemble les atomes; l'ignorance nous place au-dessous des sophistes, mais je suis loin d'être étrangère à toutes ces connaissances.

« Jamais débauché a-t-il songé à troubler l'État, à affecter la tyrannie, à exciter quelques séditions au sortir de nos bras? Le soir enivrés de voluptés, et le matin des dons de Bacchus, ils dorment jusqu'à la troisième ou la quatrième heure du jour. L'éducation que nous donnons à la jeunesse est-elle donc si mauvaise?

« Périclès a été le disciple d'Aspasie et Critias le fut de Socrate!

« Ah! renoncez, mon cher Euthydème, à la triste et désagréable folie qui semble s'être emparée de vous! Vos beaux yeux ne furent pas faits pour des regards sombres et chagrins.

« Revenez donc à votre amie; venez-y tel que je vous ai vu tant de fois arrivant du lycée, couvert de sueur, buvant avec plaisir le vin que je vous présentais. Venez, et nous goûterons ensemble les douceurs pures de la volupté, nous trouverons ce terme heureux auquel tous les hommes aspirent; c'est alors que je vous paraîtrai plus sage que tous les sophistes. Les dieux nous accordent si peu de temps à vivre qu'il y a plus que de l'imprudence à l'employer à des bagatelles énigmatiques et à des spéculations plus inutiles encore qu'elles ne sont obscures.

« Adieu! »

Thaïs, on le voit, n'aimait guère les philosophes, qui du reste le lui rendaient bien. L'histoire ne dit pas si dans cette circonstance la philosophie eut le dessus.

Thaïs termina sa carrière à la cour de Ptolémée, roi d'Égypte, qui l'aima tellement qu'il l'épousa.

Ainsi les généraux d'Alexandre ne se contentèrent pas seulement de se partager ses conquêtes, ils se partagèrent encore ses maîtresses!

LAMIA

Lamia était Athénienne. De joueuse de flûte elle devint la maîtresse de Ptolémée Ier, roi d'Égypte.

Ce fut au siége de Rhodes que de la couche du roi d'Égypte elle passa dans celle de Démétrius Poliorcète (preneur de villes).

Lorsque Démétrius la connut, elle n'était plus jeune, mais elle avait beaucoup d'expression dans la physionomie, elle excellait surtout dans la repartie fine et spirituelle, et si elle n'était plus la beauté, elle était encore la gaieté.

Les Athéniens, assiégés par Cassandre, rappelèrent

Démétrius, qui vint à leur secours avec trois cent trente galères et un corps considérable d'infanterie. L'ennemi fut chassé de l'Attique et poursuivi jusqu'aux Thermopyles. Héraclée tomba au pouvoir du vainqueur, et six mille Macédoniens passèrent sous ses drapeaux.

Lorsqu'il revint à Athènes, on lui assigna pour demeure le Parthénon, qui était la partie la plus sacrée du temple de Minerve, et on rendit un décret portant : « que le peuple d'Athènes statuait et ordonnait que « tout ce que commanderait le roi Démétrius serait « tenu pour saint à l'égard des dieux et juste envers « les hommes. »

Démétrius, au lieu de respecter un semblable décret et d'ennoblir sa victoire en conservant des mœurs pures, s'abandonna à toutes les débauches. Le temple de Minerve devint le rendez-vous de toutes les courtisanes d'Athènes, et la déesse de la sagesse vit son autel souillé par les orgies les plus infâmes. Loin de s'opposer à ces excès, les Athéniens s'y prêtèrent de bonne grâce.

Sur un simple désir de Démétrius, les Athéniens et les Thébains élevèrent des temples à Lamia. L'on allait aux temples de Vénus-Lamia, et le temple de la chaste Minerve était délaissé. En voyant tant de bassesse et de servilité, Démétrius ne put s'empêcher de dire que les Athéniens étaient *des lâches et des misé=*

rables nés pour la servitude. Alors il les considéra comme de véritables esclaves. Il préleva sur eux un impôt qui produisit deux cent cinquante talents (1,350,000 fr.), et quand il vit tout cet argent devant lui, il le fit distribuer à Lamia et aux autres courtisanes.

La passion de Démétrius pour Lamia avait un autre caractère que ses débauches du Parthénon. Le vainqueur de tant de nations si puissantes allait chez la courtisane publiquement, en plein jour, avec tout l'appareil de la majesté royale, le diadème en tête et suivi d'une escorte nombreuse. Aussi Lamia avait-elle un crédit immense dans la ville.

Au rapport de Plutarque, Lamia, de son autorité privée, préleva un impôt sur certains particuliers afin d'offrir un festin à Démétrius. Ce repas fut si somptueux que Liceus, de Samos, en écrivit le menu.

Du reste Lamia prodiguait l'argent à pleines mains, et rien ne lui coûtait pour satisfaire ses caprices ou sa vanité. Elle eut un jour l'idée de faire passer son nom à la postérité en faisant bâtir un magnifique portique à Sycione, ville du Péloponèse. C'est ce qu'elle appelait faire un bon usage des bontés et des dons de Démétrius.

Cette prodigalité, qui est un des caractères distinctifs de la courtisane dans tous les temps et dans tous les pays, n'était pas le principal défaut de Lamia; elle possédait encore l'art de la dissimulation à un point infini, elle était femme galante dans toute l'acception du mot. Nous ignorons si elle a tenu une école de débauche, mais la lettre suivante, qu'elle écrivait à Démétrius, indique qu'elle eût pu former des élèves.

« Quoique vous m'eussiez laissé la liberté entière de mon corps et de mes actions, je n'en ai point abusé ; je me suis comportée d'une manière digne de vos faveurs : j'ai fermé ma porte à tout autre amant. Croyez-en, seigneur, l'assurance que je vous en donne ; je rougirais de mentir comme une courtisane vulgaire.

« Si la jeunesse d'Athènes n'a plus osé élever ses désirs jusqu'à moi, je n'ai pas été moins insensible à tout ce qu'elle a d'attrayant. Elle a respecté une place dont vous vous êtes emparé, et je vous l'ai conservée fidèlement.

« L'amour, grand roi, est prompt et léger, et lorsqu'il vient et lorsqu'il se retire : l'espérance lui donne des ailes ; est-elle satisfaite, qu'aussitôt ses plumes tombent et il disparaît. Aussi le grand art des courtisanes est de retarder le moment des faveurs qu'elles semblent toujours prêtes à accorder et de se conserver leurs amants par l'espérance.

« Mais avec les rois, il ne nous est pas permis d'user du moindre délai, tant nous craignons de perdre l'instant favorable, de leur inspirer quelque dégoût pour nos personnes, ou de nous attirer leurs dédains.

« Nous avons mille prétextes à donner aux autres hommes : tantôt des devoirs de religion, tantôt des dérangements de santé ; les soins indispensables de la maison que l'on tient, servent quelquefois d'excuse. Un fâcheux se présente à propos ; on recule le temps des faveurs, que tant de raisons rendent bientôt insipides ; on le retarde, mais on agace, on promet, on caresse, on s'empare des esprits et des cœurs ; on les subjugue, et ils craignent d'autant plus que de nouveaux obstacles ne s'opposent au bonheur auquel ils aspirent, que l'on a pris plus d'art à exciter leurs désirs et à soutenir leurs passions.

« Peut-être pourrais-je encore tenir cette conduite artificieuse avec nos Athéniens ; mais avec vous, seigneur, je déguiserais mes sentiments, mes désirs, ma reconnaissance ? Que les Muses m'en préservent ! Avec vous qui me traitez avec tant de bontés, qui m'honorez d'une préférence marquée, qui me vantez comme me trouvant fort au-dessus de toutes les autres courtisanes, qui semblez vous faire gloire de votre goût pour moi ! non, je n'ai pas assez peu de sens pour ne pas me montrer à vous telle que je suis.

« Oui, seigneur, quand je sacrifierais tout ce que je possède, jusqu'à ma vie même pour vous, je croi-

rais avoir peu fait ; ma reconnaissance serait encore
au-dessous de vos bienfaits. »

Démétrius ne la mit point à l'épreuve, et malgré
la lettre que nous venons de citer, nous pensons qu'il
eut raison s'il ne voulait pas la mort de Lamia.

LÉONTIUM

Tout le monde connaît, au moins de nom, Aspasie, Sapho, Phryné, Laïs, mais la maîtresse d'Épicure, Léontium, est beaucoup plus ignorée, et cependant elle a droit autant que d'autres à une certaine célébrité.

Léontium était une courtisane athénienne; ses mœurs, comme celles des femmes artistes de son époque, étaient fort relâchées; son éducation était soignée. Cicéron a dit que « son style était pur et attique, » mais l'élégance de ses phrases n'en faisait pas la solidité.

« Une petite courtisane, dit-il, a bien osé écrire contre Théophraste! Son style est ingénieux et plein d'atticisme; mais pourtant...! »

Pline signale aussi ce pamphlet de Léontium contre Théophraste; c'était un livre de philosophie dont le fond n'était pas bien fort, mais dont les formes étaient excellentes.

Avant d'être admise dans les jardins d'Épicure, Léontium avait été la maîtresse du poëte Hermésianax, lequel avait poussé la galanterie jusqu'à intituler *Léontium* ses trois livres d'élégies.

Mais son amant préféré fut Métrodore, un des disciples d'Épicure, et celui-ci, loin de le considérer comme un rival, poussa le désintéressement jusqu'à recommander en mourant à ses exécuteurs testamentaires les enfants qu'il avait eus de Léontium.

« Me voilà, grâce aux dieux! — écrit-il à Idoménée, à l'heureux et dernier jour de ma vie; je suis si tourmenté de la violence de mon mal, qui me ronge la vessie et les intestins [1], qu'on ne saurait rien imaginer de plus cruel. Au milieu de mes douleurs cependant, je sens une grande consolation lorsque je repasse dans mon esprit tous les bons raisonnements dont j'ai enrichi la philosophie. Je vous prie, par l'attachement que vous avez toujours fait paraître pour moi

____

[1] Il avait une rétention d'urine qui lui causait des douleurs épouvantables.

et pour ma doctrine, d'avoir soin des enfants de Métrodore. »

Épicure n'était pas un homme débauché ; son système, assez ignoré des masses, qui donnent le nom d'épicuriens aux amis de la bonne chère et du bon vin, était, il est vrai, très-matériel, mais très-honnête.

Qu'on nous permette d'en donner un aperçu léger ; cette digression, d'ailleurs, se rattache à notre sujet, car expliquer la philosophie d'Épicure, c'est dire à nos lecteurs quelles étaient les pensées de Léontium, son disciple.

Épicure était doux et affable avec tout le monde ; il avait une tendresse si forte pour ses parents et ses amis qu'il était entièrement à eux et leur donnait tout ce qu'il avait.

Épicure ne vivait en tout temps que de pain et d'eau, de fruits et de légumes qui croissaient dans son jardin. Il disait quelquefois à ses gens : « Apportez-moi un peu de lait et de fromage, afin que je puisse faire meilleure chère quand je voudrai. »

Voilà, dit Laërce, quelle était la vie de celui qu'on a voulu faire passer pour un voluptueux !

Cicéron, dans ses *Tusculanes*, s'écrie :

« Ah ! qu'Épicure se contentait de peu ! »

Épicure disait que notre âme est corporelle ; qu'il faut jouir du temps présent sans compter sur l'avenir ;

qu'une vie courte et agréable est beaucoup plus à souhaiter qu'une vie longue et ennuyeuse; que l'indolence est un plaisir perpétuel et que les plaisirs de l'esprit sont beaucoup plus sensibles que les plaisirs du corps.

Épicure aimait beaucoup Léontium, quoiqu'il fût déjà très-âgé lorsqu'il se lia avec elle. Il entretenait avec elle une correspondance amoureuse très-suivie et la vantait à tous ses amis, comme on le peut voir dans ses lettres à Hermacus.

« Par Apollon! chère Léontium, de quelle admiration m'a rempli la lecture de ton billet! » écrivait-il à la courtisane après avoir reçu une de ses lettres. Quant à celle-ci, il est certain que les épîtres du philosophe lui causaient beaucoup moins d'admiration, car le vieillard était jaloux, avec raison, d'un nommé Timarque, entre autres, et Léontium s'en plaint amèrement dans une lettre adressée à Lamia et que nous rapportons d'après Alciphron :

« Est-il rien, ma chère Lamia, de plus insupportable qu'un vieillard qui se croit jeune! Oh! comme il me traite, cet Épicure! Grondeur, jaloux, au moindre sujet il m'écrit des lettres sans raison et sans fin! Il me chassera de ses jardins! Par Vénus! je ne voudrais pas d'Adonis lui-même s'il avait quatre-vingts ans et s'il cachait ses infirmités sous une grossière tunique. Eh! qui supporterait ce philosophe? Qu'il règle la nature à son gré, qu'il la soumette à ses lois, je n'appartiens pas aux siennes... De quel droit sa moralité funèbre vient-elle me gourmander? Lamia, qu'en penses-tu? Ce superbe vainqueur n'efface-t-il pas ton Démétrius? Ne lui dois-je pas le sacrifice de tous mes désirs? Cependant il tranche du Socrate; il presse, il importune de ses inductions un Phytoclès et son Alcibiade, sans doute il fera de moi une Xantippe! — Je suis prête à fuir; j'irai aux extrémités de la terre plutôt que de supporter la grossièreté de ses outrages et de ses lettres. Je suis à bout; sa dernière prétention m'excède et m'irrite; ma chère Lamia, je te demande conseil. — Tu connais ce jeune homme charmant, né sur les bords du Céphise, ce beau Timarque qui le premier, pourrais-je le dissimuler avec toi? m'initia aux mystères de la volupté. Il demeurait alors auprès de moi; il eut ma fleur!

« Depuis ce temps-là, il n'a cessé de me prodiguer tous les présents; les tuniques les plus précieuses, l'or, des esclaves des deux sexes et des contrées les plus lointaines. Sa délicatesse attentive, recherchée, m'envoie les prémices des fleurs et des fruits : il serait au désespoir qu'un autre eût prévenu ses tendres soins.

« Oh! ma chère, quels noms cet Épicure ose lui donner! Ce n'est plus un philosophe, un Athénien qui parle : il s'exprime comme le rustique habitant de la Cappadoce qui voit les remparts de Minerve pour la première fois.

« Les épicuriens remplissent la Grèce; eh bien! tous pris ensemble ne valent pas, à mes yeux, j'en jure par Diane, la moindre partie de mon Timarque. Conviens-en, chère Lamia, il n'y a rien d'exagéré. Au nom de Vénus, ne va pas me dire : « Mais c'est « un philosophe entouré d'amis et de considération ! » Je lui accorde tout; qu'il jouisse de ses talents et de sa gloire. O Cérès! Je ne demande que Timarque! Timarque n'a-t-il pas tout quitté pour moi? Le lycée, la société de ses amis, des compagnons de sa jeunesse? Son amour ne lui a-t-il pas fait supporter de vivre avec Épicure, de le flatter, d'exalter ses maximes pleines de vent? Oh! j'en jure par les dieux et par les maux qu'il me cause, l'idée de me séparer de Timarque est affreuse, insupportable. A ce seul penser je me trouble, ma tête s'égare, mon cœur se brise. Bonne Lamia, je vous demande un asile pour quelques jours.

« Il sentira par ma perte quel était le prix de ma présence; il ne pourra supporter cet abandon. Je le sais trop, ses messagers vont arriver; ses chers disciples Métrodore, Hermarque, Polyœnus.

« Combien de fois, dans un sincère épanchement, je lui ai dit : « Que faites-vous, Épicure, ne savez- « vous pas que vous provoquez le ridicule? On vous « immole au théâtre, dans les cercles, dans les écoles. »

Mais peut-il entendre raison? Son amour ne connaît aucune retenue.

« Je saurai l'imiter. Non, je ne me séparerai point de Timarque!

                              « Adieu! »

Cette lettre de Léontium, qu'on croirait être apocryphe, tant les pensées et même la tournure de phrase se rapportent à celles des courtisanes de nos jours, pourrait faire croire à une véritable passion pour Timarque; cependant il est supposable que le philosophe l'emporta encore cette fois, et qu'il fut consolé comme le fut Euschemus.

« Si quelqu'un de nous a du chagrin, dit-il, elle le flatte dès qu'il entre; elle le baise non en serrant les lèvres l'une contre l'autre, comme un ennemi, mais bouche béante comme les moineaux; elle chante, le console, le rend bientôt gai, dissipe tout son chagrin, et voilà mon homme vraiment livré à toute la joie et prêt à faire tout ce qu'elle veut. »

Léontium eut une fille nommée Danaë.

Danaë fut la maîtresse d'un gouverneur de Syrie nommé Sophron.

Celui-ci, dans le temps de sa faveur, eut l'habileté de rapprocher Danaë de Laodice, veuve du roi Antiochus Dieu, laquelle avait fait mourir son époux.

En peu de temps, la courtisane devint la favorite et la confidente de la reine; ce fut ainsi qu'ayant appris que Laodicé avait l'intention de faire périr Sophron, elle put avertir son amant qui eut le temps de fuir.

Furieuse d'une indiscrétion qui lui avait peut-être épargné un crime, et ne se souvenant plus que Danaë était son amie, la reine ordonna qu'elle fût précipitée.

Et comme on la conduisait au précipice :

« Que les hommes, dit-elle, ont bien raison de mépriser la divinité ! J'ai sauvé mon amant, et voilà comme le ciel m'en récompense ! Laodicé a tué son époux, et elle est au comble de la prospérité. »

Cette réflexion philosophique ne lui sauva pas la vie.

On ne sait rien sur la mort de Léontium.

Il est probable qu'elle passa le restant de sa vie, qu'elle ne pouvait plus consacrer aux amours, à développer à ses derniers adorateurs ou à de jeunes hétaïres la doctrine d'Épicure, dont elle était un disciple fervent.

ACCA LAURENTIA

Un des prêtres d'Hercule qui, suivant sa coutume ordinaire, ne faisait pas grand'chose et passait son temps à jouer aux dés et aux osselets avec le premier passant venu, fut un jour bien embarrassé.

Non pas qu'il lui fût advenu un travail quelconque, mais, chose singulière, la journée s'avançait et il n'avait encore trouvé personne pour faire sa partie. Or, comme on ne peut jouer seul, que d'un autre côté l'inaction amène l'ennui, que l'ennui provoque le sommeil et que le sommeil suscite les rèves, notre homme bâilla, s'endormit et rêva. Le rêve sortit par la porte d'ivoire, car il lui donna une idée telle qu'elle le réveilla en sursaut.

Donc, après avoir bâillé derechef, détiré ses bras de droite et de gauche, ouvert un œil, puis l'autre, s'être levé, et d'un regard inquisiteur avoir sondé l'horizon, le prêtre d'Hercule rentra dans le temple qui était confié à ses soins.

La statue du dieu s'élevait à quatre mètres du sol, sur un piédestal de marbre noir veiné de blanc. L'image du dieu était d'or. A droite et à gauche du temple se trouvaient les tables sur lesquelles les adorateurs d'Hercule déposaient leurs offrandes.

Le prêtre s'avança devant la statue d'or, et, l'ayant saluée, il s'écria :

« O Hercule, fils de Jupiter et d'Alcmène, toi qui, encore au berceau, étouffas deux serpents que Junon avait envoyés contre toi ; toi qui étouffas l'hydre de Lerne, qui tuas à la course la biche aux cornes d'or et aux pieds d'airain ; toi, le vainqueur du lion de Némée ; de Diomède, qui nourrissait ses chevaux avec de la chair humaine ; du sanglier d'Érymanthe ; des oiseaux du lac de Stymphale ; du taureau qui désolait la Crète ; du fleuve Achéloüs ; du géant Antée ; toi qui dérobas les pommes d'or du jardin des Hespérides ; toi qui soulageas Atlas ! ô Hercule ! dompteur de monstres ; de Géryon, de Cacus, d'Abbion, de Ber-gion, des Centaures ; toi qui enchaînas le chien Cerbère; qui tuas l'aigle qui se repaissait du foie de Prométhée, qui séparas les deux montagnes Calpé et Abyla et fis ainsi communiquer l'Océan avec la Méditerranée! ô Hercule! tu as oublié de renverser une hydre, un monstre, un géant plus puissant et plus invincible que tous ceux que tu as vaincus!

« Il appartenait à un prêtre de ton culte, inspiré par toi, de combler cette lacune qui manque à ta glorieuse vie.

« Le monstre que je viens de renverser n'a ni cornes comme le fleuve Achéloüs, ni griffes comme le dragon du jardin des Hespérides; il est impalpable et invisible, on l'appelle l'Ennui!

« O dieu puissant! merci du songe que tu m'as envoyé, c'est lui qui m'a aidé à dompter le monstre.»

Le dieu d'or, comme on doit le penser, resta muet. Mais ce mutisme, qui est commun aux dieux, aux diplomates et aux imbéciles, lesquels ont chacun des raisons différentes pour se taire, fut pris en bonne part par le prêtre, qui continua ainsi :

« Hercule! voici donc ce que j'ai trouvé pour chasser mon ennui : je te convie à jouer avec moi aux dés; si je gagne, tu m'enverras quelque bonne aventure; si je perds, je t'apprêterai un bon souper et t'enverrai une belle courtisane pour passer la nuit, car tu dois bien t'ennuyer ainsi tout seul sur ton piédestal! »

Cela dit, le prêtre jeta les dés en l'air. Mais le vainqueur de tant de monstres ne pouvait pas perdre : Hercule gagna.

Le prêtre fit donc apprêter un souper splendide à son dieu, et envoya chercher Acca Laurentia, qui était une courtisane célèbre du temps.

Le dieu, le prêtre et la courtisane dînèrent joyeusement ensemble, et lorsque le repas fut fini, le prêtre se leva et enferma la courtisane avec le dieu.

Qu'arriva-t-il alors? Nul ne le sait ; seulement, le lendemain matin de bonne heure, Acca Laurentia se rendit sur la place publique. Le premier homme qu'elle vit fut un nommé Tarrutius, célibataire fort riche. La courtisane l'aborda de telle manière que celui-ci en devint éperdument amoureux et qu'il l'emmena avec lui. A partir de ce moment, Acca Laurentia vécut avec lui et dirigea sa maison. Lorsque Tarrutius mourut, il l'institua héritière de tous ses biens.

La courtisane assurait que son bonheur lui venait du conseil que lui avait donné Hercule dans la nuit qu'elle avait passée dans son temple. Quand elle mourut, elle laissa toutes ses richesses à la ville de Rome.

Tout, à Rome, était un prétexte à fêtes ; aussi cet héritage, dont l'origine était impure, fut consacré par des jeux qui avaient lieu au mois d'avril.

Ces réjouissances publiques s'appelaient *Accalia*.

Quelques auteurs confondent Laurentia avec la

nourrice de Romulus. Toutes deux avaient en effet acquis le surnom de *Lupa*.

Ce surnom était donné aux femmes débauchées, parce que, avant qu'il y eût des villes en Italie, les prostituées se tenaient dans les forêts, comme les louves, et là, dépouillaient les passants après s'être livrées à leurs désirs déréglés.

De là sont venus les noms de *lupanaria* et lupanar,—lieux infâmes où les courtisanes se prostituaient.

MESSALINE

I

La nuit venait d'envelopper Rome de son manteau noir constellé d'astres brillants ; le Forum commençait à devenir désert, les banquiers fermaient leurs boutiques, l'usurier rentrait dans sa taverne, les *popines* (restaurants), les *thermopoles* (tavernes où se vendaient des boissons chaudes) et les *tabernæ vinariæ* (marchands de vin) restaient seuls ouverts.

On entendait un grand bruit de sonnettes du côté du portique d'Agrippa et dans la voie Sacrée. C'étaient les *lenones*, ces infâmes trafiquants de la beauté, qui annonçaient aux riches marchands l'heure à laquelle les courtisanes étaient visibles. Peu à peu ils s'éloignèrent et regagnèrent, ceux-ci le quartier du Vélabre, ceux-là la rue de Toscane, d'autres la rue Subure, où se trouvait surtout la demeure des *diobolares*, filles de joie de bas étage dont la loi a taxé la possession à deux oboles. Les vigiles commençaient leurs rondes de nuit, et dans l'ombre se glissaient les voleurs et les amants.

Soudain on vit paraître, au bout de la rue Subure, une troupe de jeunes gens portant des flambeaux, des arcs et des flèches, qui, après avoir heurté à la porte d'une maison d'ignoble apparence, se disposaient à l'enfoncer au moment où elle s'ouvrit.

C'était une maison où l'on vendait l'amour, et où, pour faire passer l'amour, on vendait du vin cuit et de l'hydromel.

La troupe des jeunes débauchés se précipita avec des cris de joie dans l'infâme lupanar, et la lourde porte se referma sur eux.

C'était un spectacle étrange que celui de cette maison hideuse.

Çà et là, on voyait autour des tables des hommes ivres qui jouaient aux dés en se disputant ; des philosophes déguenillés qui se vautraient sur le sol entre des pots cassés et des filles aux regards lubriques ; des bateleurs, des bouffons, des prêtres de Cybèle, de jeunes patriciens, tout cela criant, hurlant, buvant, se battant, bacchanale effroyable où les sexes disparaissaient, où les rangs étaient confondus, tant l'ivresse et la luxure égalisaient ces ignobles débauchés.

A peine les jeunes gens eurent-ils franchi le seuil du lupanar, qu'ils demandèrent à grands cris Lycisca!

Alors on vit paraître une femme d'une grande taille et d'une remarquable beauté ; ses cheveux blonds flottaient sur ses épaules et couvraient une peau de tigre qu'une agrafe d'or retenait sous ses mamelles nues ; des pampres voilaient à peine ses formes admirables, d'une main elle tenait une coupe, de l'autre, elle caressait les cheveux d'un jeune histrion nommé Mnester, lequel semblait avoir peur de ces caresses tant enviées.

Telle était Lycisca!

Mais, sous ce nom vulgaire et inconnu, se cachait la célèbre Messaline Valérie, fille de Valérius Messala Barbatus et de Lépida, et femme de l'empereur Claude.

Ce n'est point un roman que nous faisons ; jamais l'imagination n'irait prendre dans sa couche la femme de César pour l'amener dans un pareil lieu : l'histoire est plus brutale, et vous allez voir que nous n'avons point forcé notre tableau.

Voici ce que dit Juvénal :

Vois, Claude l'empereur! il s'endort, et sans bruit
Son épouse s'échappe... une esclave la suit.
L'auguste courtisane impudemment préfère
A sa couche dorée une natte grossière.
Un capuchon la voile aux regards importuns,
Et de faux cheveux blonds couvrent ses cheveux bruns.
Elle entre au bouge chaud d'une vapeur fétide,
Où, de haillons ornée, attend sa loge vide.
Nue, et d'un réseau d'or le sein enveloppé,
Lycisca, — c'est le nom par l'infâme usurpé, —
Se prostitue, et montre à qui veut s'en repaître,
Noble Britannicus, les flancs qui t'ont vu naître.
Elle ouvre, souriante, aux bandits du dehors,
Les rançonne, et couchée, et luttant corps à corps,
Pompe, épuise les reins de toute une cohorte.
Puis, quand le patron hurle à ses nymphes : « Qu'on sorte! »
Elle part, laissant voir son dépit dans ses traits,
Ferme sa loge enfin, mais la dernière, mais
D'ardents prurits encor, de spasmes harcelée,
D'embrassements brutaux lasse, mais non soûlée,
Et, livide, enfumée, au chevet de César
Porte un âcre parfum d'huile et de lupanar.

C'est en latin qu'il faut lire cette énergique description.

Messaline tenait, du reste, de sa mère.

Lépida fut accusée de prostitution et de magie, et même d'avoir eu un commerce incestueux avec Domitius Ænobarbus, son frère.

Telle mère, telle fille! Mais Valérie Messaline devait dépasser Lépida.

On ne sait quel nom donner à ce dévergondage

éhonté, à cette lubricité continuelle, toujours inas-
souvie ! En admettant qu'à une femme comme celle-là
il eût fallu un autre homme qu'un Claude, ce stupide
empereur, qu'on tira de dessous une tapisserie pour
le placer sur le trône, encore eût-on exigé un peu de
pudeur dans son adultère.

Rome, du reste, fut complice des débordements
de Messaline. C'est être complice que de les souffrir.

Peut-être, si l'on se fût opposé, dans le principe, à
ses excès de libertinage, n'eussent-ils pas plus tard
dégénéré en cruauté.

Il est bien rare que l'impudicité ne soit pas accompagnée d'un autre vice : chez Messaline, la corruption
était à l'état chronique ; il lui eût été impossible de
se priver de débauches ; son imagination ne voyait
que cela, son corps même y était habitué, et lorsque
les amants lui manquaient, elle allait demander au
premier venu, dans les lieux honteux de prostitution,
un aliment à sa luxure.

Nous n'avons pas prononcé le mot d'amour, car
Messaline n'aimait pas ; elle n'avait pas même cette
excuse. C'était le plaisir brutal des sens qu'il lui fallait ;
aussi ses caprices ne venaient que du désir de varier
ses plaisirs.

A sa luxure, et comme corollaire, elle joignait une
avarice effrénée, une ambition insatiable et une cruauté
impitoyable.

Ici la plume nous échappe. Est-ce bien le portrait d'une femme que nous faisons, ou plutôt n'est-ce pas le tableau moral d'un monstre?

Claude, lui, passait sa vie à jouer, à boire et à manger : ses affranchis, auxquels il avait confié le soin des affaires publiques, s'occupaient plutôt de leur fortune personnelle et s'inquiétaient fort peu du bonheur de l'empire et de la gloire de leur maître. Quant à sa femme, il croyait tout ce qu'elle lui disait, et personne n'eût osé divulguer la conduite de l'impératrice.

Il était le seul, dans tout l'empire romain, qui ignorât les désordres de sa femme.

Ces désordres furent d'une telle nature, que nous croyons utile, pour que la vérité de notre narration soit vraisemblable, d'emprunter à des historiens éminents le portrait de Claude et sa vie sous Auguste, Tibère et Caïus.

Ces documents sont indispensables pour expliquer la durée des débauches de Messaline.

II

CLAUDE

« Tibérius Claudius Néro Germanicus, fils de Drusus, petit-fils de Livie, était né à Lyon, en l'an 10 avant Jésus-Christ.

« Les longues souffrances d'une jeunesse maladive, la grossièreté d'un maître brutal, le dédain de sa mère Antonia, l'antipathie de toute sa famille, l'humiliante pitié d'Auguste, toutes les causes réunies du plus triste abrutissement, avaient fait de Claude un personnage ridicule, une sorte d'idiot et de bouffon.

« Dion, Suétone et Sénèque nous le montrent buvant, bégayant, branlant la tête, traînant la jambe droite, toujours sot, toujours glouton, toujours bafoué, sinon battu.

« Sa mère disait : *Plus bête que mon fils !* elle l'appelait un *avorton*, une *ébauche !* Auguste disait de lui : *Le pauvre petit !* Livie ne parlait pas à cet imbécile : pouvait-elle prévoir qu'il dût un jour gouverner le monde?

« Auguste laissa Claude sans autre dignité que celle de prêtre et d'augure. Tibère ne montra guère plus d'estime pour son neveu. Il lui accorda seulement les honneurs consulaires. Claude, mécontent, sollicitait la charge même de consul : son oncle lui envoya quarante pièces d'or pour les Saturnales !

« Condamné au mépris public, Claude vécut dans la retraite, tantôt dans un faubourg de Rome, tantôt dans la Campanie, s'abandonnant à l'ivrognerie, au jeu et à la débauche. Pourtant l'ordre des chevaliers le choisit deux fois pour interprète et pour protecteur, et Tibère, en mourant, le mit au nombre de ses héritiers les plus chers et le recommanda aux armées, au sénat et au peuple.

« Caïus l'éleva au consulat ; il n'en resta pas moins le jouet de la cour. A la table de l'empereur, où il s'endormait après le repas, on lui mettait ses brodequins aux mains, on lui jetait des noyaux d'olives ou de dattes, on le réveillait à coups de fouet et de verges. Sa stupidité lui sauva la vie. Plus tard, il déclara devant le sénat qu'il avait employé ce moyen pour échapper aux fureurs de son neveu. On ne crut point à son hypocrisie.

« Ce pauvre bouffon de la maison des Césars, qui dans le sénat opinait le dernier, n'était pas cependant sans instruction et sans culture ; d'après les conseils de Tite Live, il avait composé des mémoires et des ouvrages historiques. Il ajouta à l'alphabet le digamma et deux autres lettres. »

Quelques mots pour achever ce portrait.

Claude était plus malheureux que coupable; son vice capital était la faiblesse : il laissait faire. Il disait : « *Il est permis de se venger d'une offense,* » et il ajoutait : « *mais on ne se venge pas d'une puce comme d'un lion.* » Pourtant le résultat de ses vengeances fut toujours le même : la mort !

Il est impossible de dresser une liste de ses persécutions, mais Sénèque compte : trente sénateurs tués et plus de trois cent quinze chevaliers, puis il ajoute : « Simples citoyens autant que de grains de sable ! »

Ne nions pas les cruautés qui ont ensanglanté son règne, mais rappelons le mot de Tacite : « Claude n'avait ni affection ni haine qui ne lui fût suggérée ou prescrite. » *Cui non judicium, non odium erat, nisi indita et jussa.* (Tacite, xii, 5.)

Nous n'avons pas ici à faire l'histoire politique de ce faible empereur, ce travail sort de notre cadre ; nous nous hâtons de revenir à Messaline. Nos lecteurs, d'après le portrait ci-dessus, comprendront maintenant pourquoi elle resta si longtemps impunie : Claude mangeait ou dormait, et Messaline dominait par la terreur les affranchis qui gouvernaient l'empire.

III

LA TOILETTE DE L'IMPÉRATRICE.

Caligula, ce monstre pour qui rien n'était sacré, qui souilla le sénat, Rome et l'empire par ses caprices cruels; qui souilla de ses embrassements toutes ses sœurs et les exila ensuite, avait relégué dans l'île Pontia ses deux sœurs, Agrippine et Julie, épouse de Vinicius.

Claude leur oncle, touché de leur malheur, les tira de l'exil, leur rendit leurs biens et les rétablit à la cour.

Julie surtout était l'objet de la sympathie de l'empereur; il aimait à s'entretenir longtemps seul avec elle; il trouvait un grand charme dans sa conversation. Julie d'ailleurs était jeune, belle, et ses malheurs la rendaient intéressante aux yeux de Claude.

Messaline n'était pas tellement occupée par ses débauches clandestines qu'elle ne pût voir ces relations innocentes, mais qu'elle supposa criminelles. Elle craignit que Claude, qui était faible, ne fût subjugué par les charmes de Julie; non pas qu'elle aimât son mari (nous l'avons dit, Messaline n'aimait personne), mais elle craignit que Claude ne la répudiât pour épouser Julie, et dès lors la perte de cette dernière fut résolue.

D'ailleurs elle détestait cette princesse, qui avait dans ses veines du sang des Césars, qui possédait une noble fierté et qui ne savait ni plier ni se résoudre à ces lâches et indignes complaisances que l'impératrice exigeait et qui étaient les degrés ordinaires par lesquels on montait à la faveur.

De ces vertus Messaline fit des crimes. Julie fut de nouveau envoyée en exil, où elle ne tarda pas à succomber, victime de la jalousie de l'impératrice.

Sénèque, au rapport de Tacite, eut part à la disgrâce de Julie; on l'accusa de ne pas s'être toujours comporté en sage philosophe avec cette princesse. Il fut exilé dans l'île de Corse. Sénèque, tout stoïcien qu'il était, sentit jusqu'au fond de l'âme la peine et la honte de ce bannissement; il en conserva un souvenir amer qui se répandit en invectives sanglantes et en satires contre Claude quand la mort l'eut mis en état de lui nuire davantage.

Il y avait alors à Rome un sénateur nommé Appius Silanus. C'était un homme d'une grande probité; Claude lui avait fait épouser Domitia Lépida, sa belle-mère, et l'honorait d'une estime et d'une amitié toutes particulières. Un jour, Messaline le fit appeler.

C'était un matin; l'impératrice, portée sur les bras

de ses esclaves, venait de quitter sa salle de bains, et ses *ornatrices* procédaient à sa toilette.

Ce n'était pas peu de chose que la toilette d'une dame romaine! Il y avait là dans la chambre de l'impératrice une trentaine d'esclaves dont pas une n'était à rien faire.

Pendant que les *vestiplicæ* disposaient autour de la taille de Messaline des bandelettes de pourpre, les *cosmetes* peignaient avec des peignes de buis et des aiguilles d'or les cheveux opulents de leur maîtresse.

A cette époque, la mode était d'avoir des cheveux d'un blond ardent, et comme Messaline avait les cheveux noirs, les *ciniflones* les lui teignaient avec un mélange de lie de vinaigre et d'huile de lentisque.

Lorsque ce premier travail fut terminé, les *cinerariæ* s'approchèrent avec de grosses aiguilles chauffées dans la cendre et se mirent en devoir de friser les cheveux de l'impératrice.

Puis les *psecæ* vinrent, à leur tour, délier et tresser sa chevelure, enfin les *calamistræ* façonnèrent en boucles les cheveux rebelles de la nuque et des tempes.

Une esclave, qui avait eu le malheur de piquer l'impératrice en la peignant, fut horriblement fouettée avec des lanières de cuir de bœuf par le bourreau public.

Cette exécution ne fit aucune impression sur les autres esclaves : elle avait lieu journellement. Du reste, la victime était préalablement bâillonnée pour ne pas troubler par ses cris la toilette de sa maîtresse.

Messaline fit un signe, et les esclaves disparurent. L'impératrice resta seule avec Silanus.

Ce n'était pas sans motif qu'elle avait fait assister le sénateur à sa toilette; elle espérait exciter chez lui le désir de la possession.

« Eh bien, Silanus, lui dit-elle, crois-tu que Domitia vaille Messaline?

— Domitia est votre mère; elle est le germe, vous êtes la fleur! répondit Silanus.

— Crois-tu qu'on peut m'aimer, Silanus?

— Je crois, madame, que l'empereur Claude est bien heureux, et que je suis fier d'appartenir par alliance à un si grand empereur.

— Claude! répondit Messaline, Claude heureux! Non, tu te trompes! Crois-tu donc que j'aime cet imbécile qui sort ivre de la table et qui dort toute la nuit? Non, Silanus, j'ai meilleur goût que cela : j'aime un homme qui est jeune, beau, vigoureux, ardent; un homme qui m'aimera sans doute, car je veux qu'il m'aime!

— Quoi, madame, vous songeriez à déroger...

— On ne déroge pas en amour! J'anoblis qui j'aime! Et d'ailleurs, l'homme de mon choix est de ma famille...

« — De votre famille? Et cet homme...

— Cet homme, c'est toi, Silanus!

— Moi! l'époux de Domitia, l'époux de votre mère!... Moi! votre beau-père...

— Toi! mon bel amant! »

Et Messaline, se levant, se drapa dans sa stole et laissa Silanus stupéfait de cette révélation.

Messaline ne s'était pas méprise sur le sentiment qu'elle inspirait à Silanus, et malgré la dignité de sa sortie, elle savait bien que sa déclaration infâme avait fait horreur au jeune sénateur. Mais les considérations les plus puissantes se trouvent faibles quand il faut forcer, pour ainsi dire, la nature, et s'opposer à la violence du tempérament.

L'impératrice, dont les brûlants désirs s'irritaient dans les difficultés qu'elle trouvait à les satisfaire, redoubla ses poursuites, et Silanus sa résistance. Silanus fut victorieux, et Messaline eut la honte d'avoir employé inutilement promesses et menaces pour le corrompre.

Elle ne put voir ses désirs trompés sans en concevoir une haine implacable, aussi jura-t-elle de perdre Silanus et de venger par sa mort les démarches scandaleuses qu'elle avait faites sans succès. Mais ne voulant pas se compromettre dans cette affaire, elle chargea de sa vengeance Narcisse, affranchi de Claude, homme qui lui était entièrement dévoué et qui était plein de ressources pour faire réussir une trahison.

Narcisse était le secrétaire de Claude. Il possédait d'immenses richesses amassées par le vol, et était le fléau de tout ce qu'il y avait de gens riches dans Rome et dans les provinces. Après avoir vainement cherché un crime dont il pût convaincre Silanus, il s'arrêta à un subterfuge infâme qui, dans cette époque de crédulité religieuse, devait infailliblement réussir.

Claude déjeunait un matin avec Messaline dans le *triclinium* d'été du palais.

C'était une vaste pièce meublée avec une voluptueuse recherche, et dont l'aire était composée d'abord d'une couche de tuileau brisée, épaisse de deux pieds, puis d'une seconde couche formée de charbon pilé, de sable, de chaux et de cendres, consolidée avec force et imitant tout à fait un carrelage noir. Cette aire avait le double avantage d'absorber sur-le-champ toutes les eaux parfumées que l'on répandait dessus et à l'aide desquelles on combattait la chaleur; en outre, elle ne conservait aucun froid qui pût incommoder les esclaves, qui marchaient toujours pieds nus.

Le déjeuner de l'empereur (*jentaculum*) était fort simple, quoique Claude fût gourmand ; cependant il était plus compliqué que les déjeuners habituels des Romains. Il se composait de trois services.

Le premier, destiné à éveiller l'appétit, se composait d'œufs, de laitues et d'olives.

Le second service se composait de ragoûts de lièvre, de loirs nourris avec des châtaignes et d’un rôti de sanglier; mets important qu’on pourrait appeler *caput cœnæ*.

Enfin, le troisième service ou le dessert était composé de fruits, de pâtisseries et de friandises qu’on appelait *bellaria*.

Au moment où l’empereur allait boire un verre de vin de Cypre, qui n’était pas le premier depuis le commencement du repas, Narcisse entra précipitamment dans le *triclinium* et montra à Claude un visage décomposé par la terreur. Claude lui dit de reprendre ses sens et lui demanda la cause de son effroi.

Alors Narcisse, avec une fourberie insigne, lui fit le récit suivant :

« Magnanime empereur, je venais à peine de clore les yeux, et déjà Morphée étendait sur moi ses pavots bienfaisants, lorsque les dieux m’envoyèrent un songe horrible!...

— Un songe! s’écria Claude.

— Il ne faut rien moins que la grandeur du péril qui vous menace, ajouta Narcisse, pour que j’aie osé venir troubler votre repas.

— Un péril me menace! exclama Claude effrayé.

— Sachez donc le rêve que j’ai fait, poursuivit Narcisse : Vous étiez dans vos jardins, seul, et rassemblant dans votre esprit vos vastes pensées; soudain un homme s'élança sur vous, un poignard à la main, et trois fois son fer vous perça la poitrine!...

— Achève! Narcisse, achève!

— Eh bien! le traître, l'assassin de mon empereur, c'était...

— C'était...? dit Claude avec anxiété.

— C'était Appius Silanus, votre beau-père! du moins, ajouta insidieusement Narcisse, ce sont ses traits qu'avait pris l'assassin dans mon rêve.

— C'est étrange! dit Messaline, depuis quelque temps j'ai fait de semblables rêves...

— Et l'assassin était aussi...

— Appius Silanus!

— C'est peut-être un avertissement des dieux, dit Claude, bouleversé par la plus profonde terreur. »

Au même instant, un *admissionalis* vint dire à l'empereur qu'Appius Silanus était à la porte du palais.

Cette coïncidence, — préparée par un faux avis de Messaline, — confirma les appréhensions de Claude, et sans vouloir même lui parler pour approfondir ce mystère, il ordonna de mettre à mort Silanus immédiatement.

L'ordre fut exécuté sur-le-champ, et le stupide empereur crut devoir son salut à Narcisse.

IV

LES RIVAUX DES DIEUX.

Nous ne saurions entrer dans de grands détails pour raconter l'amas des impudicités de cette courtisane couronnée : cela répugne à notre plume, qui, dans ce livre, n'a point voulu faire un code d'immoralité, mais bien plutôt une étude des mœurs et des penchants des femmes à diverses époques de l'histoire.

Si nous avons regret d'accoler certains noms au nom hideux de Messaline, il en est d'autres que nous nous garderons bien d'omettre : si tardive que soit la publicité dévolue à leur infamie, que ce soit du moins pour eux le blâme de la postérité !

Messaline était enivrée de sa puissance que tout le monde redoutait ; elle savait que tout devait céder à ses désirs fougueux ; aussi la moindre résistance allumait sa colère.

Cela était si connu dans Rome, et la terreur qu'elle inspirait était si grande qu'elle trouvait partout des adultères.

Proculus, Urbicus, Trogus, Calpurnianus, capitaine du guet, Rufus, le sénateur Virgilianus, le chevalier

Montanus, Censonius, Plautius Tateranus... — nous reculons devant la tâche de les citer tous, — se prêtèrent aux débauches de Messaline.

Par dérision, Juvénal les appelait les *rivaux des dieux*.

Le médecin Valens, qui visait fort à l'éloquence, profita des faveurs de l'impératrice pour instituer une nouvelle secte.

C'est ce qu'on peut appeler mettre à profit ses amours.

Cependant Messaline ne fut pas toujours servie à souhait, et la résistance d'Appius Silanus trouva des imitateurs. Hélas! nous sommes forcé d'ajouter que leur vie fut la rançon de leur vertu.

Vinicius était un jeune sénateur romain que Tibère avait honoré de son alliance. Il était d'une famille illustrée par deux consulats, et il avait toutes les qualités qui font un véritable honnête homme, qualités soutenues par une grande politesse et une droiture de cœur qui lui avaient gagné l'estime de tout le monde; Caligula lui-même n'avait rien trouvé à reprendre en lui, tant sa conduite avait toujours été judicieuse.

Tel est l'homme sur lequel Messaline avait porté ses vues libertines.

Comme à Silanus, l'impératrice fit des offres galantes à Vinicius, mais celui-ci les reçut avec un tel

dédain que la courtisane vit tout de suite qu'elle s'é-
tait trompée, car ses caresses comme ses menaces ne
purent émouvoir l'âme du noble sénateur.

Dès lors, sa perte fut résolue.

Quelque temps après, Vinicius mourut empoi-
sonné.

Comme chacun savait les démarches de Messaline et
la résistance du sénateur, on comprit cette vengeance
implacable, et ce fut comme un avertissement sinistre
à tous ceux qui étaient susceptibles d'être distingués
par l'impératrice.

Toujours altérée de plaisirs, elle ne se contenta
pas de se plonger brutalement dans les plus grossières
et les plus infâmes orgies, de s'abandonner à tout
venant et de tout accorder à ses brûlants désirs, sans
pouvoir jamais trouver la satiété, elle voulut encore
avoir des imitatrices.

L'autorité de l'exemple est d'un grand poids; elle
crut diminuer l'horreur de ses turpitudes en associant
à ses crimes les dames de Rome les plus distinguées
et en les obligeant à vivre avec elle dans un honteux
libertinage.

Bien plus, pour porter la brutalité au dernier
degré, elle les força de se prostituer à des gens per-
dus de débauches, et cela en présence de leurs maris
qu'elle rendait spectateurs et approbateurs de leurs
crimes.

D'après Juvénal, elle comblait de dignités et de récompenses ceux qui approuvaient ces abominables prostitutions, et ceux qui, au contraire, refusaient d'assister à ces spectacles hideux, ne voulant pas être témoins de leur honte, recevaient la mort pour prix de leur fermeté et de leur pudeur.

Ce n'est pas tout encore! Nous allons vous parler de la chambre de Lycisca!

Il est inouï de penser jusqu'à quel point ce monstre d'impureté, lassé des plaisirs ordinaires, a osé donner à sa lubricité de voluptés monstrueuses!

Dans le palais même de Claude, il y avait une chambre dont les colonnes étaient en marbre de Luna et la voûte en stuc.

Des lits somptueux l'entouraient et sur les mosaïques du plancher étaient étendues de riches étoffes de pourpre brochées d'or. L'hiver, cette pièce était chauffée par des tuyaux qui conduisaient la chaleur de l'hypocauste (foyer souterrain, calorifère) sous la mosaïque et le long des murailles. Des portes d'airain matelassées intérieurement interceptaient le bruit.

Un *lychnus* (lampe) descendait du plafond et répandait une lueur douce interceptée par des feuilles de corne.

Des parfums brûlaient sur des trépieds d'airain, et une *tigrine* (table de bois veiné) était au milieu de la chambre et supportait des coupes d'or et des amphores pleines d'hydromel, de *cydonitum* (boisson faite avec des coings) et de falerne.

C'est dans ce boudoir que vinrent faire naufrage l'honneur et la pudeur des dames les plus considérables de Rome.

Ici l'étonnement s'épuise, et il semble qu'on ne peut pas s'imaginer que des désordres si criants et si publics fussent ignorés de Claude seul et que ce prince n'eût personne assez dans ses intérêts pour lui découvrir les épouvantables désordres de sa femme. Mais Claude était si stupide et si hébété que Messaline lui faisait croire tout ce qu'elle voulait, détruisant sans peine tout ce que les autres lui disaient contre elle, par cet ascendant qu'elle avait sur ce faible prince.

V

UN SPECTACLE A LA COUR.

Ii y avait fête au palais de Claude.

Lo'mpereur voulait célébrer l'anniversaire de son mariage avec Messaline et lui offrait un spectacle composé de danses, de combats et de musique.

L'assemblée était nombreuse : toutes les victimes de l'imperatrice s'y trouvaient ; nous disons victimes, car de quel nom appeler les complices timorés de Messaline?

D'abord des jeunes filles et des jeunes garçons exécutèrent des danses gracieuses ; pendant ce prélude de la fête, d'autres chantaient des odes d'Horace en s'accompagnant avec des théorbes, des flûtes d'ivoire et des lyres à cinq cordes.

Ensuite des Gadiotes, vêtues de tuniques courtes de soie, brodées d'or, parurent en bondissant ; elles tenaient dans leurs mains des castagnettes, des sambuca, des tympanums et s'en accompagnaient pour marquer la mesure de leurs pas vifs et de leurs bonds d'une légèreté fougueuse.

Aux danses succédèrent les baladins et les danseurs de corde.

Les grotesques firent mille tours bouffons sur une échelle qu'ils maintenaient debout en équilibre ; d'autres se jetèrent au travers de cerceaux enflammés sans brûler leurs robes de lin garnies de plumes.

Les funambules exécutèrent sur la corde roide les poses les plus difficiles ; entièrement nus et le dos orné d'une queue, comme on en attribuait aux faunes, ils jouaient de la lyre, se versaient à boire, mangeaient, tournoyaient sur eux-mêmes, tout cela sans cesser de danser, de bondir et de voltiger autour de la corde sans jamais toucher la terre.

Des Égyptiennes marchèrent sur les mains au milieu de poignards dressés sur le sol ; d'autres vidaient avec leurs pieds des amphores pleines de parfums dont elles aspergèrent les spectateurs. Enfin parut Mnester.

Mnester était un jeune homme d'une vingtaine d'années, très en renom à Rome, tant par la préférence constante que lui témoignait l'impératrice que par son mérite personnel.

Aucun n'avait plus de grâce à danser ; il savait tourbillonner pendant un grand quart d'heure sans être étourdi ; ses pieds semblaient ne jamais toucher le sol, tant sa légèreté était grande, et son corps était si souple qu'il pouvait disloquer tous ses membres sans paraître contrefait.

A la profession de danseur, il joignait celle de mime. Sa physionomie était si mobile qu'il pouvait représenter à la fois, sans le secours de la parole, tous les personnages et toutes les situations d'une tragédie.

Mnester joua Œdipe, — comme Bathille avait joué Léda.

Il eut un succès immense, et l'impératrice, qui le dévorait des yeux, donna le signal des applaudissements.

Après quoi Mnester imita la physionomie, la démarche et même le costume, à l'aide d'oripeaux préparés, de tous les personnages qui lui furent désignés par l'auguste assemblée. Messaline, demanda l'imitation de Claude. Mnester, ayant aperçu un mouvement de contrariété sur la figure de l'empereur, s'excusa de ne pouvoir obéir et, ayant fait une pirouette, il salua les spectateurs et sortit.

Lorsque tout le monde se fut retiré, Messaline fit venir près d'elle Mnester et lui renouvela ses brûlantes propositions, car depuis longtemps elle poursuivait le mime de sa passion infâme. Au début de ce récit, nous l'avons vue caresser publiquement Mnester dans la taverne de la rue Subure, mais toujours l'histrion, qui, en raison de sa position infime, redoutait les suites de sa témérité, opposa à ces avances la résistance la plus opiniâtre. Messaline ne s'était cependant pas rebutée, et ce soir-là elle le caressa, le menaça et l'étourdit tellement que, vaincu par cette insistance importune, il lui promit de faire tout ce qu'elle voudrait si l'empereur l'approuvait.

Une semblable condition était à vrai dire une raillerie, mais Messaline la prit au sérieux et se chargea d'obtenir de son mari la permission de lui faire une infidélité.

Donc, le lendemain, l'auguste courtisane s'en va trouver Claude, et, après l'avoir flatté, caressé et fasciné, pour ainsi dire, par des paroles aussi adroites que mensongères, elle arriva, avec un art infini, au but qu'elle se proposait.

« Ah! dit-elle à Claude, je suis bien mal payée de mes tendresses pour toi, car le dernier de tes affranchis est plus obéi dans ton palais que ne l'est l'impératrice.

— Que veux-tu dire? répondit Claude; n'as-tu pas tes esclaves? Les sénateurs ne sont-ils pas à tes ordres? Les chevaliers romains n'obéissent-ils pas à tes moindres caprices? Narcisse lui-même serait-il devenu rebelle?

— Non, mais si la désobéissance part de plus bas, elle n'en est que plus tenace.

— Le nom! le nom du téméraire!

— Avant tout, je te demande sa grâce, car je ne veux point le perdre.

— Son nom!

— C'est Mnester l'histrion!

— Mnester! Qu'on le mande au palais de suite.

— Ah! qu'il ne soit pas puni! Il ne faut user de rigueur que pour les gens qui conspirent, mais il faut pardonner à ceux qui nous amusent. »

Lorsque Mnester fut devant l'empereur, celui-ci lui commanda de faire aveuglément tout ce que l'impératrice lui ordonnerait.

Un ordre si précis guérit la délicatesse de Mnester et dissipa ses craintes. Il devint l'amant de Messaline sous le bon plaisir de Claude.

VI

UN MARIAGE A ROME.

Enfin nous touchons au terme de cette existence souillée par tant d'impudicités. La dernière les résume toutes. On ne comprend pas le singulier caprice qu'eut cette femme éhontée de posséder deux maris à la fois. Il est de toute évidence que l'amour, comme dans ses autres adultères, ne fut point mis en jeu dans cette dernière monstruosité ; et l'on ne peut l'expliquer qu'en admettant que la Providence, lasse de tant de crimes, ne la permit qu'afin de mettre un terme à cette vie impure.

Silius était d'une des plus illustres familles de Rome, et dans toute la ville il n'y avait pas d'homme mieux fait que lui.

Il était désigné consul et avait pour femme Julia Silana, dame de distinction et de mérite, que Messaline lui fit répudier dans l'extravagant dessein de prendre sa place.

Quoique cette impudique impératrice eût perdu toute honte et que depuis longtemps elle eût complètement rompu avec la bienséance et la pudeur, elle prévit pourtant qu'un mariage si monstrueux ferait un scandale effrayant dans tout l'empire.

Elle résolut donc d'y préparer les esprits en introduisant, dit Tacite, la liberté pour les femmes d'avoir plusieurs maris ; absolument comme si la loi le permettait.

Elle pensait qu'ainsi l'autorité de l'exemple effacerait la honte d'un tel mariage, et qu'on ne pourrait pas raisonnablement la condamner pour un fait dont tant d'autres se seraient rendues coupables.

Mais après de nouvelles réflexions, lasse des voluptés ordinaires qui n'avaient plus pour elle qu'un attrait insipide, parce que les obtenant sans peine et les goûtant sans trouble, elle en jouissait sans plaisir; ne voulant pas refuser plus longtemps à son incontinence la satisfaction qu'elle se promettait de ce mariage, elle se mit au-dessus de tout ce qui pourrait arriver et résolut d'épouser Silius, espérant sans doute que ce crime ne lui réussirait pas moins heureusement que tant d'autres qu'elle avait commis impunément.

Dans cette aveugle confiance elle combla son amant de biens, de richesses et de toutes sortes d'honneurs. Les esclaves de Claude, ses affranchis, ses meubles les plus precieux, tout passa dans la maison de Silius.

Il ne lui manquait plus que la qualité d'empereur !

Cependant à travers ce pompeux attirail de souveraineté, Silius, entrevoyant la grandeur du péril auquel il s'exposait par cette téméraire et hasardeuse entreprise, n'était pas sans de vives appréhensions de l'avenir. La crainte de la punition balança même en lui pendant quelque temps le désir ambitieux de s'élever; mais il ne voulut pas voir le danger, soit qu'il espérât d'échapper par quelque moyen à la peine que méritait son crime, soit qu'il craignît de se perdre en désobéissant à Messaline, soit enfin que, las d'une fortune médiocre, il voulût se frayer un chemin au trône; et se fortifiant ensuite contre tout événement, il fut le premier à presser Messaline de finir leur mariage et de le célébrer publiquement.

Alors le mariage eut lieu, et, dit Tacite, toutes les solennités accoutumées y furent exactement observées. On dressa le contrat, des témoins le signèrent, on y mit la clause solennelle qu'ils se mariaient pour avoir des enfants, et Silius offrit à Messaline un anneau de fer, sans ornements ni pierreries, symbole de l'austère vertu conjugale. Celle-ci le passa à l'avant-dernier doigt de la main gauche, doigt que l'on assure correspondre directement avec le cœur.

Cela se passait devant Claude qui signa lui-même au contrat, car Messaline lui avait persuadé que tout cela ne se faisait que pour détourner de lui quelques malheurs dont il était menacé par certains présages et pour les faire retomber sur Silius. Mais ce ne fut pas tout; Claude étant allé à la campagne quelques jours après, les noces furent célébrées avec éclat.

Messaline portait une tunique blanche, symbole de virginité ; sa tête était couverte d'une coiffure en forme de tour, à peu près semblable à celle des vestales, un javelot la traversait : — c'était pour rappeler l'enlèvement des Sabines. — Elle avait sur son front une couronne de verveine, symbole de la fécondité ; un voile rouge-orange et un *flammeum* couleur de safran cachaient sa figure. C'étaient les ornements habituels des femmes des Flamines, auxquelles le divorce était interdit ; enfin une ceinture de laine entourait sa taille et semblait témoigner de sa chaste pudeur.

Ce costume des mariées romaines, qui était une suite d'allégories, se trouvait être, dans cette circonstance, une véritable profanation.

Ainsi parée, Messaline fut placée sur un siége recouvert de la peau d'une brebis tuée dans un sacrifice ; Silius s'assit à côté d'elle sur un siége semblable, puis tous deux se voilèrent la tête.

Alors, après avoir offert le lait et le vin miellé aux dieux, le grand pontife leur fit manger le gâteau sacré (*far*) et leur unit les mains, confiant la femme à la bonne foi de son mari, qui devra être pour elle un ami, un tuteur, un père !

A la chute du jour, on conduisit les nouveaux époux au domicile conjugal, dans la demeure du mari : deux enfants la tenaient par la main, un troisième marchait devant elle, chassant les maléfices avec une torche d'épine blanche, et deux autres la suivaient portant une quenouille, un fuseau et dans une corbeille d'osier tous les instruments du travail féminin. Puis venaient quatre femmes mariées, une torche en bois de pin à la main.

C'est à la lueur de ces flambeaux que Messaline gagna sa nouvelle demeure.

Tant que dura la marche nuptiale, des jeunes gens s'efforcèrent d'égayer la cérémonie par des plaisanteries et des allusions obscènes.

Avant de pénétrer dans la maison conjugale, Silius, placé sur le seuil, lui demanda qui elle était.

Messaline répondit :

« Où tu seras Caïus, là je serai Caïa » (*Ubi tu Caïus, ego Caïa*), suivant la formule ordinaire.

Alors on lui présenta de l'eau et une torche enflammée : elle toucha la torche et jeta sur elle quelques gouttes de l'eau, indice et symbole de pureté ; puis des femmes la soulevèrent dans leurs bras pour pour lui faire passer la porte.

Pendant ce temps, Silius jetait des noix aux enfants, indiquant par là qu'il disait adieu à leurs jeux.

Ensuite, un chœur de musiciens chanta des vers fescennins, que Messaline écouta assise sur une toison de laine, afin de lui rappeler qu'elle devait se servir de la quenouille et du fuseau. Enfin on lui présenta une clef, symbole du gouvernement domestique.

Au moment où elle entra dans sa nouvelle maison, on cacha la torche qui avait éclairé le cortége, de peur que l'on ne s'en servît pour quelques maléfices.

La fête se termina par un repas fastueux auquel assistèrent tous les invités. Vers la fin, on donna aux convives les *mustaceæ* (gâteaux pétris au vin doux et cuits avec des feuilles de laurier), pour emporter dans leurs demeures en souvenir de la noce.

Lorsque l'heure du repos fut venue, quelques dames âgées conduisirent Messaline au lit nuptial.

Ce lit, couvert de pourpre et d'étoffes brochées d'or, était élevé sur une estrade d'ivoire et entouré de six statues de dieux et de déesses.

Le lendemain fut encore un jour de fête, et un repas, nommé *repotia*, réunit de nouveau les invités.

Or, pendant que ce mariage se faisait publiquement à Rome en présence de tous les ordres de la ville, Claude était tranquillement à Ostie, où il ignorait ce qui se passait.

VII

LA VENGEANCE DE L'AFFRANCHI.

Il est probable que ce crime, comme tous les autres, serait resté impuni, si Narcisse n'eût pris soin de
le faire connaître à l'empereur.

Narcisse, nous l'avons dit, était très-dévoué à Messaline; mais depuis qu'elle avait fait mourir Polybe,
autre affranchi qui n'avait eu que trop de part à ses
faveurs, il s'était tourné contre elle. Cette mort, en
effet, fut pour tous ces affranchis, qui menaient l'empire, comme un avertissement du sort qui les attendait; et voyant qu'ils ne pouvaient compter sur une
protection achetée par une vile complicité, ils réso-
lurent de perdre celle qui exploitait ainsi leur crain-
tive servilité.

Deux concubines de Claude, qu'il préférait à toutes
les autres, flattées par l'espoir des récompenses que
leur promit Narcisse, et espérant consolider leur crédit sur les débris de celui de l'impératrice, se char-
gèrent du soin d'instruire Claude de son déshonneur.

Donc, un matin, elles furent trouver Claude à Ostie,
se jetèrent à ses pieds, et, feignant le plus grand ef-

froi, lui annoncèrent que Silius, devenu époux de Messaline par un mariage monstrueux, ne songeait à rien moins qu'à le renverser du trône; qu'à Rome, tout était dans la confusion, et que peu s'en fallait qu'il ne fût déjà détrôné.

Claude fut d'abord frappé d'étonnement, puis il témoigna des doutes d'une si grande audace; mais les deux jeunes filles lui ayant ajouté que cela n'était plus un mystère, et que Narcisse lui-même ne devait pas l'ignorer, il commença à montrer une grande frayeur et fit appeler l'affranchi.

Narcisse, qui avait préparé la révélation, confirma d'une voix dolente les rapports des deux concubines.

— Magnanime empereur, dit-il, si je ne vous ai point, jusqu'à ce jour, révélé les horribles débordements de l'impératrice et ses honteuses prostitutions avec Valens, Plautius et une infinité d'autres auxquels elle s'est abandonnée par le plus injurieux outrage qu'elle pût faire à son époux et à son empereur, c'est que je ne voulais point montrer à tout l'empire la honte et l'opprobre que ces épouvantables excès portaient dans votre maison; j'espérais d'ailleurs que Messaline ferait quelque retour sur elle-même; mais, puisque ce déshonneur est public, puisque Messaline a fermé son cœur au repentir, et que vous-même vous voulez être éclairé sur la conduite de l'impératrice, il ne m'est plus permis de déguiser la vérité ni de taire son mariage avec Silius, célébré en présence de tous les ordres de la ville.

Claude fut bouleversé par cette révélation ; mais lorsque Géta, capitaine des gardes du palais, et Turanius, commis pour la recette des blés, lui eurent confirmé le récit de Narcisse, lorsque tout le monde l'eut conjuré de songer à sa sûreté, il se crut perdu sans ressource.

Alors il se réfugia dans le camp, mais là même il redoutait d'être trahi, et à chaque instant il demandait si Silius n'était pas déjà empereur.

Cependant Messaline, enivrée de ses plaisirs insensés, était dans la maison de son nouvel époux, avec qui, malgré tous ses crimes, elle jouissait de son faux bonheur dans une tranquillité aussi parfaite que si elle n'avait eu rien à craindre.

Le jour de la fête de Bacchus, elle avait assemblé chez elle une troupe de favoris et de femmes débauchées, afin de célébrer les Bacchanales ; le médecin Valens faisait partie de cette honteuse assemblée, et, pour faire parade de son agilité, il était monté sur un arbre fort élevé. Soudain il s'écria qu'il voyait s'élever une grande tempête du côté d'Ostie. A peine eut-il proféré ces paroles qu'on vint avertir Messaline que Claude, pleinement informé de l'état des choses, était parti d'Ostie dans le dessein de punir les désordres de sa femme et la témérité de ses corrupteurs.

L'épouvante s'empara aussitôt de l'âme de ces débauchés. Ils prirent tous la fuite, et Messaline elle-même, n'osant braver davantage son époux, se retira dans les jardins de Lucullus, dont elle avait dépouillé Asiaticus. Quant à Silius, affectant une fausse sécurité, il se rendit au conseil pour s'acquitter des fonctions de sa charge.

Certes, Messaline était loin de supposer que sa dernière heure était sonnée ; elle comptait bien sur le pouvoir qu'elle avait sur Claude pour détruire toutes ses craintes et renverser sa colère. Ce n'était pas la première fois qu'elle s'était tirée d'affaire. Elle savait endormir la crédulité de son mari par des caresses artificieuses auxquelles il n'avait pas la force de résister. Aussi elle alla bravement au-devant de lui.

Mais Narcisse, qui savait tout cela, avait pris ses mesures en conséquence.

Il s'était placé près de Claude, dans la litière impériale, et tout le long du chemin il ne cessait de l'entretenir des désordres de sa femme, si bien que lorsque Messaline voulut lui parler, l'empereur refusa tout entretien avec elle.

Alors elle se vit perdue.

A peine arrivé à la maison de Silius, où Narcisse l'avait d'abord conduit adroitement, Claude entra dans une grande colère en voyant ses meubles précieux et jusqu'à ses esclaves servir son ambitieux rival. Il fit immédiatement mettre à mort Silius et tous les autres corrupteurs de sa femme, puis il alla dîner avec Narcisse.

Messaline, dont la lâcheté égalait la dépravation, s'était réfugiée dans les jardins de Lucullus ; mais, à peine y fut-elle entrée, que le capitaine des gardes du palais, Gêta, qui la détestait particulièrement, la perça d'un coup d'épée, puis il vint annoncer à l'empereur la mort de l'impératrice.

« Ah ! dit tranquillement Claude en tendant sa coupe à un esclave, verse-moi donc du falerne ! »

NINON DE LENCLOS

Nous allons écrire l'histoire d'une des plus adorables femmes du dix-septième siècle. Mais cette histoire vous a déjà été racontée tant de fois que vous devez la connaître par cœur ; aussi est-ce seulement en petits tableaux de genre, en croquis, en pastels plutôt, que nous allons retracer la vie de la fameuse Ninon.

L'histoire nous a conservé la liste des principaux amants de mademoiselle de Lenclos, elle est longue et curieuse. Jugez-en :

Le comte de Coligny,

Le marquis de Créqui,

Le comte de Palluan,

Le chevalier de Grammont,

M. de Gourville,

Le marquis de la Châtre,

Le comte de Miossens,

Le comte d'Estrées,

L'abbé d'Effiat,

Le prince de Condé,

Le marquis de Villarceaux,

Saint-Évremond,

Le comte de Fiesque,

L'abbé de Chaulieu,

Le prince de Marsillac (duc de La Rochefoucauld),

M. de Gersay,

Le marquis de Sévigné,

Pécourt, le danseur,

Le comte de Choiseul,

Le baron de Banier,

L'abbé Gédouin.

Pour les consoler des éternelles infidélités de leur maîtresse, nous allons baptiser de chacun de ces noms les différents chapitres de cette étude.

I

LE COMTE DE COLIGNY.

Anne de Lenclos, naquit à Paris en 1615 ; elle était la fille unique de M. de Lenclos, gentilhomme de Touraine, et de mademoiselle de Raconis, d'une famille noble de l'Orléanais.

Anne, ou plutôt *Ninon*, — charmant diminutif enfantin qu'elle conserva, — Ninon perdit sa mère et son père de bonne heure. A seize ans, elle se trouva à la tête de sa fortune. Elle la plaça à fonds perdu, et eut de cette façon huit à dix mille livres de rente viagère, ce qui ferait aujourd'hui à peu près trente mille livres de rente.

La mère était pieuse, le père épicurien ; Ninon suivit par goût et par tempérament la morale de son père.

C'était d'ailleurs une fille d'esprit et de bon sens. A dix ans, elle avait lu Montaigne et Charron ; elle parlait et entendait fort bien l'italien et l'espagnol ; elle jouait du clavecin et du luth aussi bien que son père qui était très-fort ; enfin, elle chantait avec un goût exquis et dansait avec beaucoup de grâce.

Nous n'étonnerons donc personne en disant que Ninon fut rapidement la femme la plus courtisée de Paris et qu'elle ne tarda pas à sentir battre son cœur.

Avec sa fortune, suffisante pour elle, Ninon voulut aimer en liberté, suivre les élans de son cœur, les écarts de sa fantaisie, sans trafiquer de ses charmes.

« Ninon était d'une taille élégante et parfaite, avec le teint d'un blanc à éblouir, de grands yeux noirs où régnaient à la fois la décence et l'amour, la raison et la volupté. Elle avait les dents, la bouche et le sourire admirables ; un air de tête noble sans orgueil ; une physionomie ouverte, tendre et touchante ; un son de voix intéressant ; de beaux bras, de belles mains, des grâces dans tous ses mouvements, dans tous ses gestes : Ninon enfin était belle et le fut toujours. »

Au milieu de ses adorateurs, un jeune homme, le comte de Coligny fut le premier, dit-on, favorisé par l'adorable Ninon.

Le comte était d'ailleurs jeune, beau, bien fait, et, outre son esprit, il avait des qualités qui devaient le faire réussir.

Ils s'aimèrent ; que disons-nous, ils s'adorèrent ! Ils se jurèrent, — les imprudents ! — une fidélité éternelle ! Ninon avait un grand pouvoir sur le comte, — elle le fit abjurer en 1643. C'est quelque temps temps après qu'ils s'aperçurent qu'ils ne s'aimaient plus, mais qu'ils s'estimaient beaucoup.

Ninon n'était pas femme à discuter longtemps avec
son cœur, elle quitta le comte de Coligny; mais ce
premier divorce lui donna la mesure exacte de la passion dont son cœur était capable, et de la valeur réelle
de l'amour. Dès lors, elle le définit ainsi :

« L'amour est un goût fondé sur les sens, une passion aveugle qui ne suppose aucun mérite dans l'objet
qui le fait naître, ni ne l'engage à aucune reconnaissance ; en un mot, un caprice dont la durée ne dépend
pas de nous, et sujet au dégoût et au repentir. »

II

LE MARQUIS DE CRÉQUI, LE COMTE DE PALLUAN,
LE CHEVALIER DE GRAMMONT.

Le marquis, le comte et le chevalier se succédèrent
à peu de distance. Ninon voulait-elle oublier ou s'é-
tourdir, ou bien était-ce par tempérament et par caprice? — Ce dernier cas est plus probable. Quoi qu'il
en soit, la voilà *lancée !* comme on dirait aujourd'hui.

Le penchant qu'elle avait à réfléchir lui fit porter
bientôt ses regards sur le partage inégal des qualités
qu'on est convenu d'exiger dans les deux sexes. —
Elle en vit l'injustice et ne put la soutenir.

« Je vois, dit-elle à ses amis, qu'on nous a char-
gées de ce qu'il y a de plus frivole, et que les hommes
se sont réservé le droit aux qualités essentielles; de
ce moment, je me fais homme! »

Ce n'est donc plus comme une femme soumise à
mille chimères, à mille petites décences d'état et
d'usage, qu'il faut juger Ninon.

Ninon et Marion se lièrent et devinrent bientôt in-
séparables. Leurs salons furent tour à tour le rendez-
vous de la belle société du temps. On y voyait :

Les maréchaux d'Albret et de Clérambaut, le marquis de Créqui, le commandeur de Souvré le marquis de Vardes, le chevalier de Grammont, M. de
Toulongeon, Saint-Évremond, le voluptueux Desbarreaux, M. d'Elbène, Sarrasin, Boisrobert, Des Yve-
teaux, Gourville, Villarceaux, etc., etc.

Scarron, alors ingambe, était un des fidèles, et sa
gaieté bouffonne le rendait indispensable.

Le cardinal de Richelieu voulut voir ces deux femmes qui avaient dans le monde galant une cour aussi
brillante que lui-même et le roi. Il dépêcha le com-
plaisant Boisrobert auprès d'elles.

Certainement si Ninon et Marion avaient un certain attrait pour un ministre comme Richelieu, — de
leur côté, Richelieu, — Son Éminence! — n'avait pas
moins d'attrait pour des femmes comme Ninon et
Marion.

Elles acceptèrent.

Ce fut au château de Rueil, magnifique résidence du cardinal-ministre, qu'eut lieu la première entrevue. Il y eut de part et d'autre de singuliers étonnements. Mais, du côté de Ninon du moins, le cœur ne battit guère.

D'où il advint que, dans cette campagne amoureuse, le ministre fut battu.

Les cardinaux-ministres sont tenaces; ne pouvant avoir Ninon, Richelieu voulut Marion; mais Marion, comme son amie, obéissait plutôt à son cœur qu'à son intérêt; le ministre eut encore tort.

Il dut s'en consoler. Il s'en vengea peut-être.

III

M. DE GOURVILLE.

M. de Gourville était un gentilhomme fort attaché au prince de Condé.

Le prince de Condé, on le sait, se mit à la tête des mécontents qui luttaient contre Mazarin; il appela donc à lui tous ses fidèles.

M. de Gourville ne fut pas en retard, quoique les

jeux de la guerre lui fussent en ce moment moins agréables que les jeux de l'amour.

Il possédait la charmante Ninon.

Mais il fallait partir.

M. de Gourville voulut mettre en dépôt une partie de sa fortune. Il avait cent mille écus en espèces, et c'était un assez joli denier pour le mettre en sûreté.

Il connaissait un grand pénitencier, très-rigide et très-honnête, — du moins le pensait-il, — et il songea à lui confier ce trésor; puis, en réfléchissant, il eut un remords de conscience de n'être pas plus confiant avec sa maîtresse. Il changea donc de résolution et partagea la somme en deux.

Cinquante mille écus furent confiés au pénitencier, et cinquante mille à Ninon de Lenclos.

Gourville partit en guerre très-rassuré; nous ignorons ses exploits, mais nous connaissons le singulier épisode de son retour.

Il alla chez le grand pénitencier.

— Me voici de retour, dit-il, et je viens vous débarrasser du dépôt que je vous ai confié.

— Quel dépôt? fit le saint homme.

— Comment? Mais des cinquante mille écus que j'ai déposés chez vous, avant de suivre le prince, répondit Gourville.

— Hélas! je vois bien que vous faites une méprise; j'ignore de quel dépôt vous parlez; je n'ai rien, ne veux rien avoir, et l'on ne me confie guère de sommes que pour les remettre aux pauvres, ce que je fais scrupuleusement.

— Mais enfin, vous ne pouvez ainsi nier la somme que je vous ai remise; cinquante mille écus sont un cadeau que les têtes couronnées hésiteraient à faire aux pauvres.

— Mon enfant, les pauvres sont si nombreux, que cinquante mille écus ont l'air d'une goutte d'eau dans la source abondante de la charité; mais, je vous le répète, je n'ai rien et je n'ai rien reçu.

Gourville ne s'attendait guère à ces étranges dénégations; il nia, se fâcha, implora; bref, il finit par comprendre qu'il fallait se courber et se taire devant l'hypocrisie et la mauvaise foi.

Comment aborder Ninon maintenant?

Ninon sera-t-elle plus honnête que l'Église?

C'est chanceux!

Et comme un soldat qui craint le feu, comme un malade qui craint la douleur, Gourville s'abstint.

Ninon, sachant son arrivée, le pria de venir la voir.

— Quoi! lui dit-elle, m'avez-vous si vite oubliée, que vous ne veniez point me voir la première; ou savez-vous déjà le malheur qui *nous* est arrivé?

— Ah! je m'en doute! répondit Gourville, les absents ont tort!

— Que voulez-vous, répliqua Ninon, ce sont de ces

choses dont nul ne répond! Et je vous aurais fait un serment que je l'aurais violé.

— Enfin! n'en parlons plus, dit Gourville tout attristé, adieu Ninon!

— Vous me quittez ainsi? Oh! j'avais cru pourtant que l'amitié n'était jamais indigne de succéder à l'amour! Parce que je ne vous chéris plus, il ne s'ensuit pas que je ne vous aime plus. Croyez bien du reste que je n'ai point perdu la mémoire, et je m'étonne que vous ne me réclamiez point les cinquante mille écus que vous m'avez confiés.

Gourville rougit fort de la supposition qu'il avait faite; ne pouvant plus être l'amant, il resta l'ami de Ninon.

Ninon, infidèle en amour, était fidèle en amitié.

IV

LE MARQUIS DE LA CHATRE ET LE COMTE DE MIOSSENS.

Le marquis de la Châtre ne doit guère sa célébrité qu'à l'infidélité de Ninon.

Il l'adorait, cette adorable! Il ne pouvait s'en passer! Il frémissait en songeant que de même qu'elle avait commencé, cette liaison devait finir! Et pourtant il voulait croire aux amours éternelles!

L'éternité des amours!

Ninon savait bien que cela n'était guère humain; enfin elle disait comme le marquis :

— Aimons-nous éternellement!

Sur ces entrefaites, le marquis reçut un ordre qui lui enjoignait de se rendre à l'armée.

En ce temps-là, on obéissait à la cour comme aux belles; le marquis de la Châtre dut partir.

Mais auparavant, il accourut aux pieds de sa belle maîtresse.

— Ninon! lui dit-il, chère Ninon, je vais partir; je vais vous laisser; m'aimerez-vous toujours? Chère et adorée Ninon, je connais votre cœur fragile et j'ai grand'peur pour nos amours.

— Ne craignez rien, marquis, je n'aime et n'aimerai jamais que vous.

— Jurez-le-moi, dit le marquis.

— Je vous le jure!

Le marquis parut rassuré, mais bientôt le doute le reprit :

— Serments d'amour! s'écria-t-il, ce ne sont pas des serments! Tenez, Ninon, il me vient une idée : comme femme, vous pourriez me tromper; comme homme, vous ne me tromperez pas : engagez-vous par un billet à me rester fidèle. Dans ce billet, vous

me ferez la promesse solennelle de tenir cet engagement, et je croirai à vous.

— C'est une folie! marquis, répondit Ninon en
riant, jamais on ne fit une chose semblable.

— Qu'importe, j'y tiens! Tenez, voici du papier,
une plume; écrivez; je dicte.

Ninon obéit en riant, et le marquis, muni de ce
papier précieux, partit complétement rassuré.

Deux jours après.....

Deux jours ! — O cœur de femme! — Ninon avait
tout oublié, et son amant et son serment. Pourtant
elle se rappela le billet qu'elle avait fait, car, dans
les bras de son nouvel amant, le comte de Miossens,
elle s'écria dans un moment où elle eût dû ne se souvenir de rien :

— *« Ah ! le bon billet qu'a la Châtre ! »*

Le comte, qui s'informa du sens de cette exclamation, ne put s'empêcher d'en rire de bon cœur; bien
plus, il raconta l'histoire à ses amis, et c'est ainsi que
le mot devint proverbial.

Mais cette indiscrétion froissa Ninon qui se fâcha
pour de bon.

Le comte accourut se faire pardonner; il faut croire
qu'il était expert en séduction, car il réussit complétement, et ce ne fut qu'en partant que Ninon, se rap-
pelant sa fâcherie, lui cria du haut de l'escalier :

— « Au moins, monsieur le comte, nous ne sommes point raccommodés! »

L'histoire ne dit point si la Châtre vint réclamer son billet à l'échéance.

V

LE COMTE D'ESTREES ET L'ABBE D'EFFIAT.

Le comte de Miossens n'avait pu succéder à la Châtre qu'au bout de deux jours. C'était presque décent. Mais le comte d'Estrées et l'abbé d'Effiat se succédèrent si près dans les bonnes grâces de Ninon que la paternité d'un fils, qu'elle eut alors, devint contestable.

Les deux rivaux tirèrent au sort, et l'enfant échut au comte.

Le comte d'Estrées, qui devint plus tard maréchal de France et vice-amiral, l'éleva sous le nom de chevalier de la Boissière et lui fit donner une brillante éducation. Il fut le premier *dilettante* de France; installé à Toulon, au milieu d'instruments de musique de toutes sortes, il ne laissait jamais en France un seul musicien sans l'obliger à lui montrer un échan-

tillon de son savoir-faire. Le chevalier de la Boissière
est mort garçon en 1752.

VI

LE PRINCE DE CONDÉ.

Le prince de Condé, jeune encore, vécut assez longtemps avec Ninon. Malgré son air martial et son apparence virile, le prince n'avait pas toujours l'ardeur
que souhaite une femme qui aime.

L'estime réciproque fut plus durable que l'amitié :
souvent on vit le carrosse du grand Condé arrêté près
de celui de Ninon, et le grand Condé lui-même à pied
et chapeau bas s'informant de la santé de l'illustre
courtisane.

La réputation de Ninon grandissait tellement que
les envieux finirent par se montrer.

Anne d'Autriche, mal prévenue, voulant arrêter ce
prétendu débordement, envoya à Ninon un exempt
de ses gardes, pour lui intimer l'ordre de se retirer
dans un couvent de son choix.

Ninon, malignement, fit répondre qu'elle choisis-
sait les *Grands cordeliers*.

« Fi ! la vilaine ! » répondit Anne d'Autriche.

Mais M. de Guitaut, capitaine des gardes, d'autres seigneurs, et enfin le prince de Condé lui-même, calmèrent la reine régente et lui assurèrent que Ninon avait autant d'esprit que de cœur, et qu'elle se serait bien gardée de manquer de respect envers l'autorité souveraine.

A l'avenir, ce fut Anne d'Autriche elle-même qui défendit Ninon.

VII

LE MARQUIS DE VILLARCEAUX

Ninon n'était point constante en amour, comme l'indique d'ailleurs la liste de ses amants; le plus long bail que fit son cœur fut de trois ans, et l'heureux propriétaire s'appelait le marquis de Villarceaux.

Le marquis était un homme charmant sous tous les rapports, et bien digne d'être aimé aussi long-temps : il avait de l'esprit, il était galant, beau, bien fait, et ses seuls défauts étaient son amour pour les femmes et sa jalousie.

Ninon lui fut fidèle.

Ajoutons promptement qu'elle n'eut pas grand mérite à cela.

Le marquis l'avait reléguée dans le château de Villarceaux, et tous les jours il inventait mille plaisirs nouveaux. Puis, Paris était agité : on était en pleine Fronde, et ce n'était guère le moment de songer à l'amour. Le château de Villarceaux était un asile sûr.

Mais trois ans! c'est bien long! surtout avec un homme aussi jaloux que Villarceaux.

Tallemant des Réaux cite cette anecdote :

« Un jour, Villarceaux, dans sa grande passion, vit par sa fenêtre, — car il logeait exprès vis-à-vis, — qu'elle avait une bougie allumée ; — il lui envoya demander si elle se faisait saigner ; elle répondit que non : il conclut donc qu'elle écrivait à quelque rival. — La jalousie le prend, il veut aller lui parler ; et, dans ce transport, croyant prendre son chapeau, il se met une aiguière d'argent dans la tête, et de telle force qu'on eut bien de la peine à l'arracher. — Elle ne le satisfit pas ; il tombe malade dangereusement : elle en fut si touchée qu'elle se coupa tous ses cheveux, qui étaient très-beaux, et les lui envoya pour lui faire voir qu'elle ne voulait point sortir ni recevoir personne chez elle. — Ce sacrifice fit cesser son mal ; la fièvre le quitta aussitôt : elle l'apprend, va chez lui, se couche dans son lit, et ils demeurèrent couchés ensemble huit jours entiers. »

Madame de Villarceaux, qui connaissait l'amour de son mari pour Ninon, en était désolée.

Tout le monde connaît cette anecdote que Molière

a introduite dans sa comédie de *la Comtesse d'Escar-*
bagnas.

Nous l'empruntons encore à Tallemant des Réaux.

« Boisrobert dit qu'un jour qu'il était allé à Villarceaux, car Villarceaux est son hôte à Paris, le pré-
cepteur de ses enfants voulut faire voir à Boisrobert
comme ils étaient bien instruits : il demanda à l'un
d'eux : *Quis fuit primus monarcha? — Nembrod! —*
Quem virum habuit Semiramis? Ninum. »

Madame de Villarceaux se mit en colère contre le
pédagogue.

« Vraiment, lui dit-elle, vous vous passeriez bien
de leur apprendre des ordures. »

Madame de Villarceaux avait la naïveté de confon-
dre *Ninus* avec Ninon.

VIII

SAINT-ÉVREMOND.

Saint-Évremond fut aussi son amant. Mais il resta
surtout son ami.

L'amitié de Ninon était plus sérieuse que son amour.
Les vers suivants de Saint-Évremond l'indiquent suffisamment.

Dans vos amours on vous trouvait légère,
En amitié toujours sûre et sincère ;
Pour vos amants les humeurs de Vénus ;
Pour vos amis les solides vertus.
Quand les premiers vous nommaient infidèle,
Et qu'asservis encore à votre loi,
Ils reprochaient une flamme nouvelle,
Les autres se louaient de votre bonne foi.

Tantôt c'était le naturel d'Hélène,
Ses appétits comme tous ses appas ;
Tantôt c'était la probité romaine,
C'était l'honneur, la règle et le compas.
Dans un couvent, en sœur dépositaire,
Vous auriez bien ménagé quelque affaire,
Et, dans le monde, à garder les dépôts,
On vous eût justement préférée aux dévots.

Saint-Évremond, qui avait agi légèrement avec un ministre dont il avait eu sujet de se plaindre, fut exilé par Louis XIV, et se réfugia à Londres, où Ninon ne l'oublia pas.

Messieurs de Lionne, de Lauzun et de Grammont, — poussés par Ninon, — essayèrent d'adoucir l'esprit du roi ; mais, quand le roi fut adouci, le philosophe devint irrité.

Il se trouvait trop vieux pour reparaître en cheveux blancs dans une cour où il ne connaissait plus personne.

Quatre ans avant ce refus, il envoya à Ninon son

discours sur la morale d'Épicure, sous le titre de :
La moderne Leontium.

Dans cet ouvrage, l'ami de Ninon appelait la volupté
d'Épicure : « Une volupté sans volupté. »

Il peignit même Ninon dans ce passage :

« On ne croira pas qu'Épicure ait passé tant de
temps avec Léontium et avec Thémista à ne faire que
philosopher : mais s'il a aimé la jouissance en voluptueux, il s'est ménagé en homme sage. Indulgent
aux mouvements de la nature, contraire aux efforts,
ne prenant pas toujours la chasteté pour une vertu,
comptant toujours la luxure pour un vice, il voulait
que la sobriété fût une économie de l'appétit, et que
le repas qu'on faisait ne pût nuire à celui qu'on devait faire... il dégageait les voluptés de l'ingratitude
qui les précède et du dégoût qui les suit. »

La correspondance suivie qu'il eut avec Ninon at-
teste cette constante amitié de part et d'autre et l'estime qu'il avait d'elle.

Dans une lettre, il y a ce passage :

« Vous êtes de tous les pays, aussi estimée à Londres qu'à Paris ; vous êtes de tous les temps, et quand
je vous allègue pour faire honneur au mien, les jeunes
gens vous nomment aussitôt pour donner l'avantage
au leur. Vous voilà maîtresse du présent et du passé ;
puissiez-vous avoir des droits considérables sur l'a-
venir. »

8.

Ninon lui écrivit :

« Je vous assure que je vous aime toujours plus tendrement que ne le permet la philosophie. »

Quelle charmante fidélité dans l'infidélité!

Plus tard, Saint-Évremond lui écrivait :

« Si vous n'avez plus tant d'amants, vous êtes contente d'avoir beaucoup d'amis... Vous êtes née pour aimer toute votre vie... — Les amants et les joueurs ont quelque chose de semblable : *Qui a aimé, aimera!* Si l'on m'avait dit que vous êtes dévote, je l'aurais pu croire ; c'est passer d'une passion humaine à l'amour de Dieu, et donner à son âme de l'occupation ; mais ne pas aimer est une espèce de néant qui ne peut convenir à votre cœur. »

Ninon vieillit et continua sa correspondance avec le philosophe. Tantôt elle lui disait :

« Le corps, à la vérité, n'est plus digne d'attention, et la vie a encore quelque lueur qui la soutient. »

Tantôt cette coquette octogénaire lui écrivait :

« Tout le monde me dit que j'ai moins à me plaindre du temps qu'une autre. De quelque sorte que cela soit, si l'on m'avait proposé une telle vie, je me serais pendue. Cependant, on tient à un vilain corps comme à un corps agréable ; on aime à sentir l'aise et le repos. »

Et Saint-Évremond répondait :

« Vous êtes sérieuse et vous plaisez, vous donnez

de l'agrément à Sénèque, qui n'a pas accoutumé d'en avoir ; — vous vous dites vieille, avec toutes les grâces de l'humeur et de l'esprit des jeunes gens. — J'ai une curiosité que vous pouvez satisfaire : quand il vous souvient de votre jeunesse, le souvenir du passé ne vous donne-t-il point de certaines idées aussi éloignées de la langueur de l'indolence, que du trouble de la passion ? Ne sentez-vous pas dans votre cœur une opposition secrète à la tranquillité que vous pensez avoir donnée à votre esprit ?

> Mais aimer et vous voir aimée
> Est une douce liaison
> Qui dans votre cœur s'est formée.
> D'une amoureuse sympathie
> Il faut, pour arrêter le cours,
> Arrêter celui de nos jours ;
> Sa fin est celle de la vie.
> Puissent les destins complaisants
> Vous donner encore trente ans
> D'amour et de philosophie.

Le nom de Saint-Évremond est intimement lié à celui de Ninon ; leur amour dura peu ; mais leur amitié fut éternelle.

IX

LE COMTE DE FIESQUE, CHAULIEU
LE PRINCE DE MARSILLAC, LE MARQUIS DE SÉVIGNÉ
PÉCOURT
M. DE GERSAY, LE BARON DE BANIER
LE COMTE DE CHOISEUL,
L'ABBÉ GÉDOUIN.

Ce fut, croyons-nous, le comte de Fiesque qui succéda à Villarceaux ; mais il n'eut pas trois années de constance comme son prédécesseur ; aussi, quelque temps après leur liaison, se sentant refroidi, il crut bien faire en écrivant à Ninon que ses feux s'éteignaient.

Ninon était à sa toilette quand elle reçut ce billet,

Elle pâlit légèrement, et, coupant une grosse mèche de sa chevelure qui était admirable, elle la remit au valet de chambre du comte, en lui disant :

« Portez ceci à votre maître, voici ma réponse. »

Il y avait dans cet acte tant d'amour et tant de douleur que le comte fut vivement touché ; il revint près d'elle et lui jura un amour plus brûlant que jamais.

Mais un jour vint, et ce fut Ninon qui n'aima plus.

Le cadre de cette notice ne nous permet point d'entrer dans les plus petits détails, fort connus d'ailleurs, sur certains personnages qui surent charmer le cœur de Ninon.

On sait qu'elle connut Chaulieu, le prince de Marsillac, depuis duc de la Rochefoucauld, le marquis de Sévigné (celui-là pour rire), Pécourt le danseur, rival du comte de Choiseul, etc., etc.

Un, plus intéressant, est M. de Gersay; car il est le père de ce charmant chevalier de Villiers qui se tua de désespoir en apprenant de Ninon, qu'il adorait, qu'elle était sa mère.

Voltaire raconte ainsi cette aventure :

« Il y avait auprès de la porte Saint-Antoine un assez joli cabaret, où, dans ma jeunesse, les honnêtes gens allaient encore quelquefois souper. — Mademoiselle de Lenclos, car on ne l'appelait plus alors Ninon, y soupait un jour avec la maréchale de la Ferté, l'abbé de Châteauneuf, et d'autres personnes. Ce jeune homme lui fit dans le jardin une déclaration si vive et si pressante, que mademoiselle de Lenclos fut obligée de lui avouer qu'elle était sa mère. Aussitôt le jeune homme, qui était venu au jardin à cheval, alla prendre un de ses pistolets à l'arçon de la selle, et se tua roide. Il n'était pas si philosophe que sa mère. »

Chapelle, le compagnon de voyage de Bachaumont, voulut lui aussi séduire la célèbre courtisane; mais il ne réussit pas, et vexé, il composa les vers suivants :

Il ne faut pas qu'on s'étonne
Si souvent elle raisonne
De la sublime vertu
Dont Platon fut revêtu :
Car, à bien compter son âge,
Elle peut avoir vécu
Avec ce grand personnage.

C'était bête et insolent. Ninon, qui en eut connaissance, trouva la chanson bien tournée, mais elle ajouta qu'elle aurait mieux aimé coucher avec Platon qu'avec Chapelle.

Un autre martyr de Ninon fut le grand prieur de Vendôme.

Il crut réussir d'emblée là où tant d'autres avaient réussi.

Il échoua.

Vexé, l'amoureux se fit poëte, et, en se retirant, laissa le quatrain suivant sur la toilette de Ninon :

Indigne de mes feux, indigne de mes larmes,
Je renonce sans peine à tes faibles appas :
   Mon amour te prêtait des charmes,
   Ingrate, que tu n'avais pas.

Ninon, en femme d'esprit, les lui retourna modifiés de cette façon :

Insensible à tes feux, insensible à tes larmes,
Je te vois renoncer à mes faibles appas ;

> Mais, si l'amour prête des charmes,
> Pourquoi n'en empruntais-tu pas?

Le comte de Charleval, qui ne put rien non plus obtenir de Ninon, qui lui disait : « Attends mon caprice, » se vengea, en homme d'esprit, il chanta les qualités de Ninon et se félicita d'être un des *Oiseaux des Tournelles*.

Il disait :

> Je ne suis plus oiseau des champs,
> Mais de ces oiseaux des Tournelles
> Qui parlent d'amour en tout temps,
> Et qui plaignent les tourterelles
> De ne se baiser qu'au printemps.

Vers charmants qui font regretter, pour le comte, que Ninon lui ait été cruelle.

Le baron de Banier l'aima lorsqu'elle avait soixante-dix ans.

On pourrait croire que la liste amoureuse est terminée.

Il n'en est rien.

Le dernier de tous ses amants a, comme le premier, son anecdote.

Il s'appelle l'abbé Gédouin.

Mademoiselle de Lenclos avait soixante-dix-neuf ans lorsqu'elle le connut. L'abbé en devint amoureux,

Mais amoureux fou! et il la sollicita vivement de céder à ses désirs.

Ninon, chose surprenante, y consentit; — mais à la condition que l'abbé attendrait neuf mois et quelques jours.

L'abbé ne fut pas épouvanté.

Quand ce laps de temps fut écoulé, il conjura Ninon de tenir sa promesse.

Ninon ne manquait jamais à sa parole.

Et le lendemain, quand l'abbé satisfait lui demanda le motif de ce long retard :

— « Hélas! mon cher abbé, répondit-elle, pardonnez-moi ce retardement. Ma tendresse en a souffert autant que la vôtre; mais c'est l'effet d'un petit brin de vanité que j'avais encore dans la tête. J'ai voulu, pour la rareté du fait, attendre que j'eusse quatre-vingts ans accomplis, et je ne les ai eus que d'hier soir.

Cet amour octogénaire dura une année.

Ninon mourut le 17 octobre 1706, à l'âge de plus de quatre-vingt-dix ans.

Son dernier mot fut celui-ci ?

— « On aime peut-être encore là-bas! »

On dit qu'étant déjà presque à l'agonie, elle improvisa ce quatrain :

Qu'un vain espoir ne vienne point s'offrir
Qui puisse ébranler mon courage;

Je suis en âge de mourir :
Que ferais-je ici davantage?

Saint-Évremond a fait sur elle ce quatrain :

L'indulgente et sage nature
A formé l'âme de Ninon
De la volupté d'Épicure
Et de la vertu de Caton.

L'abbé de Châteauneuf lui fit cette épitaphe :

Il n'est rien que la mort ne dompte :
Ninon, qui près d'un siècle a servi les amours,
    Vient enfin de finir ses jours;
Elle fut de son sexe et la gloire et la honte.
    Inconstante dans ses désirs,
    Délicate dans ses plaisirs,
    Pour ses amis fidèle et sage,
    Pour ses amants tendre et volage,
    Elle fit régner dans son cœur
Et la galanterie et l'austère pudeur,
Et montra ce que peut le triomphant mélange
Des charmes de Vénus et de l'esprit d'un ange.

X

JUGEMENTS, BONS MOTS, ANECDOTES.

Rousseau jugeait ainsi Ninon :

« Dans le mépris des vertus de son sexe, Ninon de Lenclos avait, dit-on, conservé celles du nôtre. — On vante sa franchise, sa droiture, la sûreté de son commerce, sa fidélité dans l'amitié, enfin, pour achever le tableau de sa gloire, on dit qu'elle s'était faite homme. A la bonne heure ! Mais, avec toute sa haute réputation, je n'aurais pas plus voulu de cet homme-là pour mon ami que pour ma maîtresse... Les femmes qui perdent toute pudeur sont plus fausses mille fois que les autres. — On n'arrive à ce point de dépravation qu'à force de vices, qu'on garde tous, et qui ne règnent qu'à la faveur de l'intrigue et du mensonge. — Au contraire, celles qui ont encore de la honte, qui ne s'enorgueillissent point de leurs fautes, qui savent cacher leurs désirs à ceux mêmes qui les inspirent, celles dont ils en arrachent les aveux avec le plus de peine, sont d'ailleurs les plus vraies, les plus sincères, les plus constantes dans tous leurs engagements, et celles sur la foi desquelles on peut gé-

néralement le plus compter... Le plus grand frein de
leur sexe ôté, que reste-t-il aux femmes qui les re-
tienne? et de quel honneur feront-elles cas, après
avoir renoncé à celui qui leur est propre? — Ayant
mis une fois leurs passions à l'aise, elles n'ont plus
aucun intérêt d'y résister. »

Ce jugement est sévère, mais Rousseau n'était point
un philosophe épicurien.

Touchard-Lafosse, dans les *Chroniques de l'Œil-
de-Bœuf*, fait un portrait de Ninon à soixante-sept
ans, que nous lui empruntons tout entier. Il est aussi
vrai que complet :

« Ninon est toujours cette beauté à qui chaque année
apporte une nouvelle perfection morale en glissant sur
ses charmes d'un pied si léger, qu'à soixante-six ans
ses traits n'offrent pas la moindre trace du temps. —
En 1682, comme en 1658, le teint de Ninon de Lenclos est blanc, uni, animé. — Son visage, d'un bel
ovale, n'a rien perdu de sa pureté grecque; ses yeux
noirs et saillants respirent toujours une volupté com-
municative, et son sourire achève la conquête que son
regard a commencée. L'accent, ce timbre du cœur
qui fait deviner ses plus secrètes impressions, suffit
dans Ninon pour captiver tout ce qui l'approche; on
pourrait l'adorer sans la voir : semblable à l'écho,
elle captive par l'unique séduction de la voix. — Je
vis hier cette femme surprenante dans un salon de

verdure ; ses habits étaient presque de gaze ; point de corset, point de nœuds, protecteurs ordinaires des tailles qui s'épaississent, des gorges qui s'affaissent : c'était une grâce parée de toute l'absence des atours.

« J'étais dans ce jardin il y a quarante-cinq ans,
« me dit le vieux duc de Villeroi ; Ninon s'y trouvait
« mise à peu près comme vous la voyez. Ses cheveux
« n'étaient pas plus noirs, sa bouche n'avait pas plus de
« jeunesse, sa démarche ne paraissait pas plus vive. —
« Or, tout à l'heure, en regardant cette enchanteresse,
« je me disais : Je crois qu'elle est plus belle encore
« qu'hier... Oui, voilà comme elle me souriait hier
« en causant avec moi sous ce jeune tilleul... Et ma
« réflexion a été interrompue par la rude atteinte d'un
« arbre gros comme deux fois mon corps... Et c'était
« mon jeune tilleul ; et le *hier* que je me rappelais
« remontait à quarante-cinq ans, et Ninon était la
« même aux deux époques... Mon imagination s'abu-
« sait de ce nombre d'années. — N'en doutons pas,
« cette femme a dans quelque coin de son jardin un
« robinet de la fontaine de Jouvence. »

« L'esprit de Ninon est resté aussi jeune que son corps ; grave ou enjoué, selon les circonstances, il passe avec une inconcevable facilité des abstractions de la science aux délicatesses de la galanterie, de la sagesse des philosophes aux désordres des amants. — Soit que Ninon de Lenclos parle raison, soit qu'elle

déraisonne, on l'admire, on l'aime toujours. — Pourquoi rappellerais-je les succès de sa jeunesse, la foule
d'amants qui se pressait sur ses pas, le concert de
soupirs qui murmurait sans cesse à son oreille? — Ne
la retrouvé-je pas obsédée par les galants à soixante-
six ans comme à dix-huit? — Bien plus, l'empire de
Ninon s'est agrandi : jeune, elle n'était recherchée
que des hommes; vieille, sa cour s'est grossie de
toutes les femmes d'esprit de l'époque. — Ce modèle
de toutes les qualités ne fréquenta jamais la cour;
c'est cependant chez elle que les deux sexes en vont
à tout âge étudier les belles manières, dont elle est
la véritable pierre de touche. — Et cela doit être, car
presque tout ce qui compose la cour se forma depuis
un temps immémorial à l'école de Ninon. — Au milieu du concours de gens aimables qui remplissent
chaque soir son salon, personne ne se rappelle la légèreté de sa conduite passée, personne ne songe à
ses égarements actuels. — Mais, chez Ninon, la nature a ses heures ; alors sa porte est close. — Si l'on
pénétrait au fond de son boudoir dans ces instants
d'abandon, la fille du joueur de luth s'y retrouverait
tout entière, avec cet emportement des passions que
la politesse ne peut soumettre, avec ce délire qui fait
dégénérer la langue jusqu'aux blasphèmes d'une volupté grossière. — Ce transport de la vie animale une
fois calmé, notre moderne Laïs, fermant d'une main

honteuse le refuge de la faiblesse humaine, reparaît
au sein de la société, étincelante de saillies, de fines
épigrammes, de bons mots aiguisés par la malice, ou
forte des raisonnements les plus sensés, les plus pro-
fonds.

« Racine, Boileau, Longepierre, Senécé, La Fare,
Chaulieu, profitent également de ses leçons, s'éclairent
des étincelles de son esprit ou des conseils de sa raison.

« Chapelle assista longtemps aux soirées de Ninon ;
mais l'ivrognerie de ce poëte étant devenue extrême
dans ces dernières années, Ninon lui a fait interdire
sa maison. — Voici ce qu'elle répondait à Boileau qui
la pressait de rappeler le banni : « Non, mon cher
Despréaux, disait-elle au Juvénal français, non : si
l'on peut excuser l'ivresse, qui dégrade toujours, c'est
quand elle féconde, crée, vivifie ; mais elle est ignoble
et détestable lorsqu'elle affaiblit, énerve et tue. »

L'auteur Desmahis a dit d'elle :

> Faible et friponne tour à tour,
> Ninon eut trop d'amants pour connaître l'amour.

*
* *

Voici un jugement sévère du duc de Saint-Simon :
« Ninon, dit-il, courtisane fameuse, et, depuis que

l'âge lui eut fait quitter le métier, connue sous le nom de mademoiselle de Lenclos, fut un exemple nouveau du triomphe du vice conduit avec esprit et réparé de quelques vertus. »

Dans ses *Essais historiques sur Paris*, Poulain de Sainte-Foix est plus sévère encore.

« Ninon, dit-il, était une fille de mauvaise conduite et de bonne compagnie. Nous avons aussi peu de Ninons que de Corneilles ; il était réservé au siècle de Louis XIV de produire du grand, du merveilleux dans tous les genres. »

Pour donner une idée de l'esprit de Ninon, voici quelques-unes de ses pensées, prises au hasard :

La beauté sans grâce est un hameçon sans appât.

Une femme sensée ne doit jamais prendre d'amant sans l'aveu de son cœur, ni de mari sans le consentement de sa raison.

Une liaison de cœur est de toutes les pièces celle où les entr'actes sont les plus longs et les actes les plus courts.

*
* *

Je rends grâce à Dieu tous les soirs de mon esprit, et le prie tous les matins de me préserver des sottises de mon cœur.

*
* *

Les approches de la mort n'altérèrent pas, dit-on, la sérénité de son âme.

Elle conserva jusqu'au dernier moment les agré-ments et la liberté de son esprit.

— Si l'on pouvait croire, disait-elle quelquefois, qu'en mourant on va causer avec tous ses amis dans l'autre monde, il serait doux de penser à la mort.

*
* *

Que les femmes sont à plaindre! disait-elle quelquefois. — Leur propre sexe est leur ennemi le plus cruel; un mari les tyrannise, un amant les méprise et souvent les déshonore; observées de toutes parts, contrariées sans cesse, toujours dans la crainte et dans la gêne, sans appui, sans secours, elles ont mille adorateurs et n'ont pas un seul ami : faut-il s'étonner si elles ont de l'humeur, des caprices et de la dissimulation ?

*
* *

Voltaire, qui la vit dans sa vieillesse, dit qu'elle était sèche comme une momie. — Elle se plaignait elle-même des changements que produit la décrépitude.

— Si j'avais assisté, disait-elle, au conseil des dieux au moment de la création, j'aurais opiné pour qu'ils plaçassent les rides des femmes où ils avaient mis le faible d'Achille.

*
* *

On voulut la ramener à la religion ; — ce fut inutile.

— Vous savez, dit-elle un jour à Fontenelle, le parti que j'aurais pu tirer de mon corps ; je pourrais encore mieux vendre mon âme : les jansénistes et les molinistes se la disputent.

MARION DELORME

I

DOCUMENTS CONTRADICTOIRES.

> Savez-vous,
> Vous, dont l'œil est si pur et le front est si doux,
> Savez-vous ce que c'est que Marion Delorme?
> Une femme, de corps belle, et de cœur difforme!
> Une Phryné qui vend à tout homme, en tout lieu,
> Son amour qui fait honte et fait horreur!

C'est ainsi que Victor Hugo peint la courtisane, car dans le drame, le type mis en scène est purement de convention.

Nous avons puisé à toutes les sources pour peindre

en traits vifs et saillants cette grande figure de la galanterie au dix-septième siècle, et nous avons dû, vu les contradictions nombreuses, choisir une des nombreuses versions.

Celle que nous avons adoptée en entier est l'*Histoire de Marion Delorme, par Benjamin de la Borde*, 1806. *Nouv. édit.* — Nous la résumons plus loin.

Mais nous tenons à compléter cette autobiographie simulée en citant d'autres auteurs aussi, sinon plus compétents.

Tallemant des Réaux fait naître Marion à Châlons-sur-Marne, vers 1611, et la fait mourir en juin 1650.

Benjamin de la Borde la fait naître à Balheram, près de Giez, en Franche-Comté, le 5 mars 1606 et mourir..... à l'âge de cent trente-cinq ans !

Dreux du Radier la fait naître vers l'an 1612 ou 1615...

Maintenant, voici Touchard-Lafosse qui, dans ses *Chroniques de l'OEil-de-Bœuf,* la fait mourir, comme Benjamin de la Borde, à l'âge de cent trente-cinq ans.

Qui croire ?

Citons d'abord Touchard-Lafosse :

« La mort de Marion Delorme, arrivée le 5 janvier 1741, deux mois avant l'expiration de sa cent trente-cinquième année, a presque surpris les Parisiens ; ils s'étaient habitués à considérer comme impérissable ce vieux monument de la création, et citaient indifféremment les tours de Notre-Dame ou Marion Delorme, s'ils voulaient parler d'un objet à l'épreuve des temps.

« Cette femme, qui sans doute était la plus âgée de l'Europe, vit le jour sous le règne du bon roi Henri ; quoiqu'elle eût moins de cinq ans lorsque ce grand monarque fut assassiné, elle se rappelait fort bien son habit et même ses traits.

« Marion avait surtout présent à la mémoire le chatouillement un peu dur produit sur son petit visage par la longue barbe du héros ; car un jour qu'elle traversait le Louvre avec une de ses tantes qui l'avait amenée à Paris, Sa Majesté, frappée de la beauté de cette enfant, la demanda pour l'embrasser.

« La vieille amante de Buckingham, du cardinal de Richelieu, de Cinq-Mars et de tant d'autres, se plaisait à décrire la physionomie, la taille, le costume des personnages célèbres qui ont passé devant elle pendant sa longue vie.

« Elle dépeignait la forme du bonnet qui coiffait Marie de Médicis lorsqu'elle posa la première pierre du Luxembourg, et n'avait pas oublié la soutane un peu sèche que portait Richelieu n'étant que simple abbé.

« Elle s'en était égayée avec lui, quand, vingt-deux ans plus tard, il était plus que roi de France.

« La courtisane centenaire se souvenait d'avoir

promené un matin par la lisière celui qui devait être un jour le grand Condé ; cette femme, aussi naïve sur ses faiblesses qu'elle en fut jadis prodigue, vous disait en souriant :

« — Je vois encore la chambre où, guidant un des débuts de ce héros, je mêlai quelques myrtes à son premier laurier.

« Les traits de Marion s'animaient quand elle retraçait l'amour de Buckingham pour Anne d'Autriche, les regards veloutés qu'elle arrêtait sur ce bel Anglais, les œillades flamboyantes que la reine lançait sur elle, Delorme, en signe de rivalité...

« — Je me suis bien souvent reportée à ces preuves d'effervescence amoureuse, ajoutait la narratrice, lorsque, trente ans après, j'ai vu cette princesse, la vue baissée, la tête enveloppée d'une coiffe épaisse, à genoux sur les dalles de nos églises.

« Les yeux de Marion Delorme se remplissaient de larmes dès qu'on essayait de l'entretenir du malheureux Cinq-Mars.

« — Ah ! de grâce, s'écriait-elle, épargnez-moi... Cent ans n'ont point, en passant sur ma vie, effacé de mon cœur le souvenir de cet infortuné ; son adieu murmure toujours à mon oreille comme un son plaintif, son dernier baiser me brûle encore la bouche.

« La mémoire de Marion Delorme était une vaste

galerie où les peintres vinrent jusqu'à sa mort copier les portraits des notabilités de cinq générations.

« Sully, Bassompierre, La Noue, Mazarin, Turenne, Colbert, Louvois, Luxembourg étaient rangés, j'oserai presque dire, étiquetés, dans les souvenirs de Marion.

« Un autre compartiment de sa mémoire renfermait Malherbe, Racan, Ménage, Corneille, Molière, La Fontaine, Pascal, Racine, Boileau, La Bruyère, Bossuet, Fénelon.

« Dans une troisième division cérébrale, que la vénérable amante de Cinq-Mars appelait sa galerie galante, se pressaient madame de Combballet, Ninon de Lenclos, la duchesse de Longueville, madame de Chevreuse, la comtesse de Soissons, la maréchale de la Ferté, la tendre la Vallière, la fière Montespan, l'astucieuse veuve de Scarron, l'infortunée Fontanges et tant d'autres, avec les amants qui firent tout à la fois leur réputation, leur déshonneur et leur félicité.

« Quand un peintre venait consulter Marion sur un de ces personnages, elle disait en se frottant le front :

« — Attendez que j'enlève la poussière du tableau.

« Puis elle se mettait à faire le portrait le plus ressemblant, le plus frais, le plus animé.

« — Je copie la nature, s'écriait Coypel en laissant courir son pinceau d'après les descriptions de la vieille courtisane.

« Elle avait vu commencer plusieurs hôtels de Paris qu'on nomme aujourd'hui de vieux édifices ; son pied avait foulé en dansant l'herbe du Pré aux Clercs, sur lequel s'élève maintenant un quartier populeux de la capitale : je lui ai entendu décrire les fossés, les remparts, les ponts-levis de l'abbaye de Saint-Germain des Prés, qui ne présente plus que la clôture ordinaire d'un couvent.

« Marion souriait de pitié lorsqu'elle lisait dans l'histoire du règne de Louis XIII et de la minorité de Louis XIV les intrigues de Richelieu et les subtilités italiennes de Mazarin.

« — Pauvre postérité, disait-elle en haussant les épaules, comme ces esclaves à plume t'abuseront... Richelieu ! la grandeur de ses vues ! Ce n'est pas moi qu'on y fera croire. — J'ai vu ce cardinal dans l'intimité de l'alcôve ; je connais le déshabillé de son caractère ; il est grandi par la renommée de tout ce qui dépasse l'homme ingénieux et adroit. — Mazarin ! c'était un saltimbanque, un sauteur politique, remarquable seulement pour la souplesse de son esprit et de ses reins ; se faire assez petit pour se fourrer partout, toujours sauter de manière à se retrouver sur les pieds, voilà tout le mérite de Mancini.

« En 1705, Marion Delorme, veuve en quatrièmes noces de François Lebrun, procureur fiscal, fut volée et abandonnée par ses domestiques, qui lui enlevèrent à peu près tout ce qu'elle possédait. — Cette dame, parvenue déjà à sa quatre-vingt-dix-neuvième année, ne s'aperçut pas que ces misérables avaient emporté successivement de sa maison, linge, habits, dentelles, vaisselle, argenterie, diamants; enfin ils disparurent un matin avec un portefeuille renfermant toute sa fortune en billets payables au porteur, et ne laissèrent que les gros meubles qu'ils n'avaient pu enlever.

« Marion Delorme, de riche qu'elle était, se trouva réduite à la misère; elle put cependant suffire encore à ses besoins pendant dix-huit ans, au moyen de quelques recouvrements qu'elle avait négligés et qu'un ami serviable l'aida à faire.

« Mais, en 1725, privée de toute ressource, elle écrivit à Louis XV à peu près en ces termes :

« Sire, Votre Majesté paye des historiens qui men-
« tent sur les temps passés ; mais il est dans sa capi-
« tale une chronique vivante dont le premier chapitre
« remonte à 1606 ; elle vous offrira le langage de la
« vérité, si Votre Majesté daigne venir la consulter ;
« car cette chronique est un vieux livre vermoulu qui
« ne peut plus quitter l'ais sur lequel il repose. — Ma-
« rion Delorme a vu, sire, le grand Henri, premier
« prince de votre illustre maison qui ait régné sur la
« France; elle a vu Louis XIII, votre trisaïeul;
« Louis XIV, votre bisaïeul; le grand Dauphin, votre
« aïeul; le duc de Bourgogne, votre père, et fut assez
« alerte encore pour aller une des premières remer-

« cier le Seigneur qui vous donna à la France. —
« Quelque lumière sur les règnes écoulés jaillit de
« ma longue existence ; mais, sire, c'est une lampe
« qui demain peut s'éteindre, faute d'aliment, si Votre
« Majesté ne daigne y pourvoir. »

« Cette lettre ayant été remise à Louis XV par une
main sûre, le jeune monarque voulut voir Marion Delorme ; il resta longtemps chez elle avec Fleury, y retourna plusieurs fois, et fit à cette veuve une pension
qui lui fut payée exactement jusqu'à sa mort.

« Marion Delorme demeurait, en 1723, quai des
Théatins, mais elle est décédée rue de la Mortellerie,
dans la maison dite *le Paon blanc*.

« Elle fut inhumée dans le cimetière de Saint-Paul,
sous le nom de Marie-Anne-Oudette Grapin, veuve
Lebrun. »

Dans Tallemant des Réaux, nous trouvons quelques
détails sur Marion et ses amants.

Voici ce qu'il dit de Marion :

« Marion Delorme était fille d'un homme qui avait
du bien, et si elle eût voulu se marier, elle eût eu
vingt-cinq-mille écus en mariage ; mais elle ne le voulut pas. C'était une belle personne, et d'une grande
mine, et qui faisait tout de bonne grâce ; elle n'avait
pas l'esprit vif, mais elle chantait bien et jouait bien
du théorbe. Le nez lui rougissait quelquefois, et pour
cela elle se tenait des matinées entières les pieds dans

l'eau. Elle était magnifique, dépensière et naturellement lascive.

« Elle avouait qu'elle avait eu inclination pour sept ou huit hommes, et non davantage : Desbarreaux fut le premier, Rouville après ; il n'est pourtant pas trop beau. Ce fut pour elle qu'il se battit contre la Ferté-Senecterre ; Miossens, à qui elle écrivit par une fantaisie qui lui prit de coucher avec lui ; Arnauld ; M. le Grand (*Cinq-Mars*), M. de Châtillon et M. de Brissac.....

« Elle avait trente-neuf ans quand elle est morte, cependant elle était aussi belle que jamais. Sans les fréquentes grossesses qu'elle a eues, elle eût été belle jusqu'à soixante ans. Elle prit, un peu avant que de tomber malade, une forte prise d'antimoine pour se faire avorter, et ce fut ce qui la tua. On lui trouva pour plus de vingt mille écus de hardes ; jamais les gants ne lui duraient que trois heures. Elle ne prenait point d'argent, rien que des nippes. Le plus souvent on convenait de tant de marcs de vaisselle d'argent...

« Elle se confessa dix fois dans la maladie dont elle est morte, quoiqu'elle n'ait été malade que deux ou trois jours : elle avait toujours quelque chose de nouveau à dire. On la vit morte durant vingt-quatre heures, sur son lit, avec une couronne de pucelle.

« Enfin le curé de Saint-Gervais dit que cela était ridicule. »

Ailleurs le même chroniqueur raconte ainsi sa liaison avec Desbarreaux :

« Ce fut lui (Desbarreaux), qui mit Marion à mal. Il fut huit jours caché chez elle dans un méchant cabinet où l'on mettait du bois : là, elle lui apportait à manger, et la nuit il allait coucher avec elle. Depuis, comme elle a eu plus de hardiesse, elle l'allait trouver en une maison au faubourg Saint-Victor, qu'il avait fait fort bien meubler, et où il y avait un grand jardin. Il appelait ce lieu l'*Ile de Chypre*. Elle devint grosse trois ou quatre fois, mais elle se faisait avorter. Une fois elle s'en avisa trop tard, et quoiqu'elle eût pris assez de drogues pour tuer un Suisse, s'il eût été dans son corps, elle fit pourtant un petit garçon qui se portait le mieux du monde, et qui criait le plus fort. »

Laissons maintenant la parole à Benjamin de la Borde, qui, lui-même, la cède à notre héroïne.

II

LA VERSION DE BENJAMIN DE LA BORDE.

I

DESBARREAUX ET BUCKINGHAM.

« Je naquis le 5 mars 1606, et fus nommée Marie-Anne. — Mon père s'appelait Jacques Grapin, et ma mère Léonore Jacquet, demeurant tous deux à Balheram, près de Giez, en Franche-Comté.

« Je me souviendrai toute ma vie du jour où je quittai Balheram pour aller à Paris. — J'avais alors seize ans, j'étais encore naïve et simple comme une pauvre bergerette. — Mon père devait m'accompagner à la voiture ; — il pleurait, ce bon père, et moi je faisais tous mes efforts pour le consoler.

« Il vint le matin m'éveiller ; — j'eus bientôt fait ma toilette, et nous descendîmes dans la rue où m'attendait la voiture qui devait me transporter à Paris

« A la descente de la voiture, j'aperçus une dame dans un superbe carrosse, qui attendait depuis quelques

instants mon arrivée : c'était madame de Saint-Évremond, ma marraine.

« Lorsqu'elle m'eut vue, elle poussa une exclamation
qui me donna de la vanité :

« — Qu'elle est jolie ! dit-elle en m'embrassant.

« Sans me laisser le temps de dire un mot, elle
me fit monter dans son carrosse, et quelques minutes
après j'étais installée chez elle, dans une chambre qui
me parut magnifique.

« La comtesse de Saint-Évremond eut soin de me
faire habiller à la mode, et de m'habituer au bon ton
et aux bonnes manières.

« Plusieurs seigneurs, qui fréquentaient la maison de
ma bienfaitrice, voulurent travailler aussi à mon éducation : — Vaugelas se plut à polir mon langage, et Voiture
à me donner des leçons de style épistolaire.

« Le conseiller Desbarreaux se chargea, lui, de me
faire connaître l'amour.

« Ce conseiller avait certainement la plus belle
physionomie et la plus noble expression qu'on pût
voir dans un homme.

« Il pouvait avoir vingt-huit à trente ans ; — mais
le feu du génie, qui brillait dans ses yeux, lui donnait
l'air jeune de l'immortalité.

« Je lui donnai donc mon cœur ; mais comme
Desbarreaux, assez libertin pour me plaire, était trop
dérangé pour fournir à toutes mes fantaisies, je me

trouvai dans la nécessité de lui faire presque autant d'infidélités que j'éprouvais de désirs ; — c'était beaucoup ; mais je revenais toujours à lui, et je n'ai jamais cessé de l'aimer entièrement.

« Ce fut Desbarreaux qui, ne trouvant pas le nom de Marie-Anne Grapin assez noble, me le fit quitter pour prendre celui de Marion Delorme, que je portai le reste de ma vie.

« La pente du vice est glissante ; — rarement on s'arrête après le premier pas.

« Je n'avais que dix-neuf ans lorsque le célèbre Buckingham, ambassadeur d'Angleterre, arriva à Paris pour négocier le mariage d'Henriette de France avec le prince de Galles, depuis si malheureux sous le nom de Charles Ier.

« Favori d'un grand roi, le duc avait à sa disposition de riches trésors pour dépenser, et toutes les pierreries de la couronne d'Angleterre pour se parer.

« L'on sait que cet homme extraordinaire réunissait tous les charmes de l'esprit aux grâces de la figure.

« Me voir et me vouloir fut pour lui l'affaire d'un instant.

« Le regarder et céder fut pour moi l'affaire d'un autre.

« Il cacha cette intrigue avec le plus grand secret, ayant de bonnes raisons pour la dérober à tous les yeux : — le bruit courait alors qu'il avait séduit une grande dame [1], pendant une nuit obscure, dans un jardin de la ville d'Amiens.

« Le duc de Buckingham, après avoir fait en France toutes les folies dont les histoires de ce temps sont remplies, fut obligé de retourner en Angleterre; — il eut sur l'esprit de Charles Ier le même empire qu'il avait eu sur celui de son père, et gouverna l'Angleterre comme Richelieu régnait en France.

« Le ministre anglais, du haut de sa puissance, ne perdit point le souvenir des heureux moments qu'il avait passés dans la société de Marion ; — il entretint avec moi une correspondance suivie, et continua jusqu'à sa mort à me prodiguer les marques de sa munificence.

« C'est de l'époque de mes amours avec le gentil-homme anglais que datent mes relations avec la fameuse Ninon de Lenclos.

« Le duc de Buckingham m'en avait parlé avec tant d'admiration, que je me décidai à aller la visiter.

« Je trouvai Ninon ce qu'elle était : aimable, gracieuse, spirituelle et bonne au-dessus de toute expression.

« Je ne sais si elle me trouva aussi quelques qualités agréables, toujours est-il qu'elle me reçut avec la plus

---

[1] Anne d'Autriche, femme de Louis XIII.

grande affabilité, et me permit tout d'abord de la compter au nombre de mes amies.

« Depuis cet instant il s'établit entre nous une société si sûre et si heureuse, qu'il est impossible d'en imaginer une plus intime entre deux femmes belles et ayant les mêmes prétentions.

« Après le départ du duc de Buckingham, je n'avais honoré aucun de ses rivaux d'un regard de bienveillance. — Je trouvais si peu de comparaison entre lui et cette foule d'adorateurs qui obsédaient mes pas, qu'en vérité j'avais en vue de me retirer dans un couvent, ou bien dans une campagne isolée.

II

CINQ MARS ET RICHELIEU.

« Ce fut quelques années après que je fis connaissance avec le grand écuyer Cinq-Mars, jeune homme de la plus aimable figure et que le cardinal de Richelieu avait donné pour favori au roi, espérant détruire par son moyen le penchant que ce monarque avait pour madame de Hautefort et pour mademoiselle de la Fayette.

« Son amour pour moi alla jusqu'à l'ivresse; il s'oublia jusqu'à m'épouser en secret ; mais je ne l'en aimai pas davantage, mon cœur ne me disait rien pour lui, et dans ce cas-là l'hymen n'est pas le chemin le moins long pour arriver à l'amour.

« A peu près dans ce temps, le cardinal de Richelieu, ayant entendu parler de moi, voulut me voir sans être vu ; Ninon, son amie et la mienne, me conduisit à Rueil, sans m'en avertir, et Son Éminence, m'ayant trouvée mille fois plus belle qu'elle ne se l'imaginait, voulut absolument savoir si j'aimais véritablement Cinq-Mars, et chargea son fidèle Boisrobert de le découvrir.

« L'adroit abbé donna bientôt l'éclaircissement qu'on souhaitait de lui, et assura que, dans les complaisances que j'avais pour le favori, la vanité avait plus de part que l'amour; mais que toute ma tendresse était pour mon ancien ami Desbarreaux.

« Aussitôt l'abbé Boisrobert lui fut dépêché pour l'assurer que s'il voulait céder sa maîtresse et l'engager à répondre à la bonne volonté que le cardinal avait pour elle, il ferait pour sa fortune tout ce qu'elle pourrait désirer ; mais Desbarreaux ne répondit à cette ouverture qu'en plaisantant, et en feignant toujours de croire le cardinal incapable d'une telle faiblesse.

« Richelieu en fut si irrité, qu'il persécuta Desbarreaux tant qu'il vécut, et l'obligea de quitter le royaume.

« Le cardinal, amoureux comme un mousquetaire,

ne se contenta pas d'immoler cette victime de sa jalousie, et quoiqu'il fût sûr de mon indifférence pour Cinq-
Mars, il trouva les moyens de nous forcer à ne plus
nous voir.

« La maréchale d'Effiat, mère de Cinq-Mars, et dévouée au cardinal, qui avait fait la fortune de son
mari, attaqua son fils et moi sur notre mariage clan-
destin.

« Je fus accusée de rapt, de séduction, et d'avoir
contracté par cette voie un mariage prohibé.

« La chose fut traitée avec tout le sérieux d'une
grande affaire : il y eut information et décret de prise
de corps contre moi et mes complices, c'est-à-dire
contre tous ceux qui avaient eu part à ce mariage, et
il fut fait défense aux parties de se voir, sous les
peines qui en sont la suite ordinaire.

« Ce fut à cette occasion qu'on termina par une
loi générale l'affaire des mariages clandestins qui
était agitée depuis quelque temps en France, sur les
remontrances de la cour de Rome.

« Ce mariage fit donc naître l'ordonnance du 26 novembre 1639, comme les amours de Henri de Mont-
morenci, fils aîné du connétable Anne de Montmo-
renci, et son mariage secret avec mademoiselle de
Piennes, avaient donné lieu à l'édit de 1556, sous le
règne de Henri II.

« Cette ordonnance fut le terme de notre procès et

de nos amours. — La maréchale ne poussa pas plus loin les poursuites, et le décret de prise de corps n'eut aucune exécution.

« Cinq-Mars, jeune, ardent, voluptueux, libertin, m'oublia bientôt dans les bras de mille autres maîtresses.

« Abandonnée de l'amour et de la fortune, quelque répugnance que j'eusse à écouter mon persécuteur, il fallut à la fin combler ses vœux.

« Richelieu, dévoré d'ambition, chargé des soins du gouvernement, accablé de grandeurs et d'infirmités, n'était pas un amant fort amusant, aussi ne put-il jamais parvenir à me plaire.

« Ce fut bien pis lorsqu'il eut fait couper la tête à mon pauvre Cinq-Mars ; je ne l'envisageai plus qu'avec horreur, et ne l'ayant vu qu'une fois depuis son retour à Paris, je l'accablai tellement de reproches et d'invectives, que je me suis toujours flattée d'avoir avancé sa fin.

« J'en fus heureusement débarrassée le 4 décembre 1642, près de trois mois après la mort du malheureux grand écuyer.

III

AMOURS ET CAPRICES.

« Plus libre que jamais, je fis autant d'amants que je trouvai de jeunes seigneurs disposés à rendre hommage à mes charmes.

« Ma maison devint le rendez-vous de la jeunesse libertine de la cour.

« L'entrepreneur général de ma dépense était Michel Particelly, dit d'Émery, surintendant des finances.

« Le maréchal de la Meilleraie lui succéda, et pendant le siége d'Arras, où il commandait avec les maréchaux de Châtillon et de Chaulnes, je me conduisais de manière qu'à son retour je ne m'étais pas encore aperçue qu'il fût parti.

« Mille autres lui succédèrent.

« Le chevalier de Grammont, le duc de Brissac, Villandri, breton et gentilhomme de la chambre, Coëtguen, d'Andelot, etc., me firent presque oublier Desbarreaux.

« Saint-Évremond, né pour présider à ces sociétés voluptueuses dont l'amour et la bonne chère étaient l'âme, fut longtemps l'intendant de mes plaisirs.

10.

« Ce fut en 1650, au moment qu'environnée d'adorateurs je n'avais qu'à former des vœux pour les voir remplis, que la justice céleste se servit d'un moyen extraordinaire pour me punir de mes fautes, en m'entraînant dans une démarche qui a été cause des malheurs sans nombre que j'ai éprouvés pendant presque tout le reste de ma vie. — Jusqu'à cette heureuse époque, la vie n'avait été pour moi qu'un enchaînement de plaisirs et de jouissances.

« Malgré les troubles de ces temps malheureux, malgré les pertes multipliées que j'éprouvais, tantôt par la mort de plusieurs de mes amis, tantôt par celle de quelque amant, ma maison n'en était pas moins en tout temps l'asile du plaisir et de la liberté.

« Tous les partis m'étaient indifférents, je n'en craignais aucun en les tolérant tous.

« On eût dit que tous ceux qui me visitaient ne composaient qu'une même famille.

« A-t-on le temps de songer à la haine quand on ne respire que l'amour ?

« J'allais avoir bientôt quarante-quatre ans accomplis. — Il me restait encore plus de beauté qu'on ne doit en espérer à cet âge, mais je ne me dissimulais pas que mes plus belles années s'étaient écoulées pour jamais, et que chacune de celles qui me restaient à parcourir, loin de leur ressembler, ne devaient me faire éprouver qu'une décadence continuelle aussi horrible à supporter qu'insupportable à attendre. — L'habitude d'être recherchée par les grands de la cour et les plus aimables de la ville, et de partager avec Ninon l'empire des cœurs et des esprits; enfin ce besoin, qu'on ne peut rassasier ni expliquer, de conserver une certaine supériorité de droit ou d'usage sur tout ce qui nous environne, me firent chercher de nouveaux moyens d'y parvenir, puisque les anciens m'abandonnaient. — Brouillée avec l'amour, je me vouai à l'intrigue, triste ressource qui le remplace, mais ne le fait pas oublier.

IV

VIE POSTHUME.

« Passée en Angleterre, un grand seigneur anglais m'offrit sa main et le partage de ses biens.

« Pendant dix ans nous habitâmes ses terres, situées près de l'Écosse; j'y vécus presque heureuse, ignorée de toute la terre et inconnue même à mon époux.

« Je le perdis au commencement de 1661, et, quelques mois après sa mort, j'appris que mon irréconciliable persécuteur, Mazarin, avait cessé de vivre.

« Rien ne m'attachant plus à l'Angleterre, mon parti fut bientôt pris de retourner en France, où il ne me restait plus aucun ennemi à redouter.

« Je rendis aux héritiers de mon mari ce qui leur appartenait, et emportant avec moi tout ce que je possédais, je partis pour Paris, avec le dessein de m'arrêter quelque temps à Spa, pour y prendre les eaux, qui m'étaient ordonnées.

« J'étais sur le point d'y arriver, lorsqu'un soir, à quelque distance de Louvain, où j'allais coucher, je fus arrêtée par des voleurs, dépouillée de tout mon bien et traînée à leur suite.

« Ces indignes brigands, craignant bientôt d'être découverts dans un pays où on les poursuivait depuis longtemps, et contents de la bonne capture qu'ils avaient faite, se partagèrent mes effets et mes bijoux, et rompirent une société si dangereuse. Réduite à la plus affreuse misère, je me trouvai trop heureuse d'accepter les offres du chef de cette canaille, qui par bonheur, était un des plus beaux hommes que j'aie rencontrés.

« Cet homme, séduit par quelques restes de beauté, et peut-être par les remords qu'il éprouvait de son crime, m'offrit de partager son lit et sa fortune.

« Il m'emmena en Poméranie, sa patrie, où je passai près de trois ans avec lui dans l'union la plus intime ; et j'eusse été heureuse, si le souvenir du passé ne fût pas venu souvent empoisonner les idées du présent.

« J'avais environ cinquante-huit ans, lorsque je de-

vins veuve pour la troisième fois. Je l'étais d'un grand
écuyer, d'un lord, d'un voleur; quelle bizarrerie dans
mon sort!

« Mais il était écrit qu'il deviendrait encore plus
singulier.

« Mon mari m'ayant laissé tout ce qu'il possédait, je
me trouvai près de cent mille livres ; et quoique mon
parti fût pris de retourner en France, la honte de reparaître à Paris après ce qui venait de m'arriver, et
après la perte totale de mes charmes, me fit résoudre
à aller finir mes jours à Giez, en Franche-Comté, patrie de mes ancêtres.

« Je n'y fus pas plutôt arrivée que, n'y trouvant aucun de mes parents, ni même personne qui se rappe-
lât les avoir connus, je me liai intimement avec le
procureur fiscal, qui se nommait Lebrun.

« Je trouvai cet homme, âgé d'environ quarante
ans, si aimable, si honnête et d'une humeur si douce,
que, croyant trouver en lui l'appui de ma vieillesse,
je le rendis maître de tout ce que je possédais, en lui
donnant ma main et recevant la sienne.

« Dix-sept ans se passèrent encore dans l'union la
plus heureuse ; et j'avais près de soixante-seize ans,
lorsque les affaires de son seigneur, nommé de Rhu-
mant, l'obligèrent à faire un voyage à Paris.

« J'avouerai que le désir de voir encore cette ville

enchanteresse me détermina à l'y accompagner, malgré la pesanteur de mes ans.

« Nous y arrivâmes le 10 mai 1682.

« Louis XIV venait de s'établir à Versailles quelques jours auparavant.

« J'eus la curiosité d'aller voir ce superbe palais, plutôt dans l'espérance d'y rencontrer quelques-uns de mes anciens amis, que par le désir d'examiner tant de magnificence.

« Mon attente ne fut pas vaine : à peine étais-je entrée dans la galerie, que j'aperçus venir à moi, qui ? Ninon, oui, Ninon elle-même ! mais Ninon toujours belle et toujours entourée d'adorateurs.

« Je ne doutais pas qu'elle ne me reconnût dans l'instant, comme je venais de la reconnaître ; mais en la voyant passer devant moi sans daigner presque me regarder, je ne puis vous exprimer le bouleversement que j'éprouvai alors dans toute ma frêle machine.

« Je fus tellement humiliée de me trouver si différente de ma vieille amie ; la comparaison qui je fis de nos fortunes, de nos traits, de toute notre existence, fut telle, qu'il ne me resta plus que la force d'être fidèle au serment que je fis de ne pas essayer à me faire reconnaître de ceux qui jadis avaient tant de plaisir à me voir.

« — Non, m'écriai-je, non, jamais on ne reconnaîtra Marion dans sa décrépitude : ingrate Ninon, vous m'avez méconnue, jamais vous ne reverrez l'infortunée Marion.

« Aussi pressée de quitter Versailles que je l'avais été de m'y transporter, je revins sur-le-champ à Paris, et je louai un appartement pour le temps que je devais y rester.

« Mais ce temps fut plus long que nous ne l'avions pensé.

« Cinq ans se passèrent sans qu'il nous fût possible de retourner dans notre paisible retraite.

« J'eus alors le malheur de perdre mon mari, et dès ce moment ma vie ne fut plus qu'une suite de chagrins, de peines et de douleurs.

« Agée de quatre-vingt-un ans, privée de parents et d'amis, je fus entièrement livrée à une femme de chambre et à un laquais, qui s'entendirent ensemble pour me dépouiller de ce que je possédais. »

Dans Touchard-Lafosse, vous avez vu sa fin.

Tout ce dernier chapitre est bien invraisemblable et romanesque, mais nous tenions à mettre la vie et la légende de Marion côte à côte.

Le gazetier Loret ne manque pas de signaler la mort de Marion.

Ce couplet nécrologique peut servir d'épitaphe à la courtisane :

> La pauvre Marion de Lorme,
> De si rare et plaisante forme,
> A laissé ravir au tombeau
> Son corps si charmant et si beau.
> Quand la mort avec sa faucille
> Assassine une belle fille,
> J'en ai toujours de la douleur
> Et tiens cela pour grand malheur...

LA DU BARRI

I

Le 28 août 1744, mademoiselle Contigny, humble couturière du village de Vaucouleurs, en Champagne, mettait au monde un enfant du sexe féminin.

On disait qu'un certain moine, nommé Ange Gomart, n'était pas pour peu de chose dans cette naissance ; mais rien n'était prouvé, et, en tous cas, fille d'un moine ou d'un autre, l'enfant était née en excellente santé. Madame Dubreuil, femme du directeur des aides, à Vaucouleurs, dont mademoiselle Contigny était couturière, s'intéressa à l'enfant et promit d'être marraine ; et comme M. Billard du Monceau, riche financier de l'époque qui se trouvait en tournée de ce côté, était descendu chez le directeur des aides, il fut sollicité de remplir le rôle de parrain.

La fête fut splendide pour le pays, il y eut une grande distribution de bonbons et de dragées, l'église et les pauvres ne furent pas oubliés, la mère fut heureuse et le financier, — qui malgré sa munificence, ne s'était pas ruiné dans cette cérémonie, — repartit en carrosse doré, absolument comme il était venu. Quelque temps après, mademoiselle Contigny épousa un *rat de cave* nommé Vaubernier, lequel légitima la naissance de l'enfant.

Jeanne, tel était le nom qu'elle reçut au baptême, grandit en embellissant, et la pauvre couturière crut le bonheur définitivement entré sous son toit ; mais au bout de quelques années son mari mourut et la misère vint s'installer à son foyer.

Madame Vaubernier n'hésita pas : elle accourut à Paris, et sa première visite fut pour le riche parrain de sa fille.

M. du Monceau ne fut pas au-dessous de ce que l'on attendait de lui : après avoir donné des secours pendant quelque temps, il plaça la mère et l'enfant.

La petite Jeanne fut reçue au couvent de Sainte-Aure, communauté sous la direction de l'abbé Grisel ; quant à la mère, elle entra comme cuisinière chez mademoiselle Frédéric, une femme galante assez renommée et dont le financier était l'amant.

Cela dura un certain temps. Mademoiselle Frédéric sentait bien que madame Vaubernier devait trop à M. du Monceau pour ne lui être pas dévouée et qu'ainsi sa cuisinière n'était qu'un espion déguisé.

Il s'agissait donc de l'évincer promptement. Les prétextes ne manquèrent pas.

Nous avons parlé du moine Ange Gomart ; celui-ci se trouvait à Picpus, et quoique madame Vaubernier eût suivi mademoiselle Frédéric à Courbevoie, où elle avait une petite maison, il n'hésitait pas à venir souvent la voir, et il se gênait peu pour lui témoigner ouvertement une tendresse exagérée.

La chose offusqua mademoiselle Frédéric, et madame Vaubernier fut remerciée,

Pendant ce temps, la petite Jeanne faisait le diable au couvent et désolait les bonnes sœurs, qui durent prendre le parti de l'envoyer se... damner ailleurs.

Morande dit que la mère et l'enfant entrèrent ensuite chez une dame de... où Jeanne aurait connu M. l'abbé d'Usson, depuis évêque d'Agen et M. de Marcieu, alors colonel, depuis maréchal de camp. La chose est possible ; toutefois, dans les autres documents que nous avons consultés, nous n'avons point trouvé cette particularité, d'ailleurs peu importante.

En 1760, Jeanne, — alors âgée de seize ans, — entra chez le sieur Labille, marchand de modes, rue Saint-Honoré, tout près de l'Oratoire et de la barrière des

Sergents. Là elle prit le nom de mademoiselle Lançon.

« Mademoiselle Lançon donc se trouva à merveille de son nouveau domicile. Une boutique de modes ne peut que flatter infiniment les goûts d'une fille qui entre dans le monde, et qui n'a rien vu. — C'est véritablement le temple de la coquetterie. — On lui fait passer tour à tour en revue les étoffes les plus riches et les plus précieuses, les parures les plus élégantes et les plus recherchées, les fanfreluches, les ajustements et les ornements si délicieux pour une femme, tout ce que l'aiguille ou le fuseau peuvent produire d'exquis. — Comment une jeune nymphe résisterait-elle à tant de charmes ? — C'est Achille entouré d'armes pour la première fois. »

Rien n'est plus charmant dans la vie de madame Du Barry, que ce temps passé dans cet humble magasin de modes ; nous verrons tout à l'heure des amours royales, qu'on nous permette de consacrer un chapitre aux amourettes de mansarde.

II

VOISIN, VOISINE.

Les ouvrières du sieur Labille avaient dans la maison des chambres situées au cinquième étage. Un soir, un jeune commis de la marine, nommé Duval, lequel logeait au quatrième étage de la même maison , fut très-surpris de voir sur sa porte « un portrait » qui n'y était pas lorsqu'il était sorti. Il approche sa bougie, il l'examine, il déchiffre une figure grossièrement dessinée , mais dont les traits avaient trop de ressemblance aux siens, pour qu'il ne fût pas persuadé être l'original qu'on avait voulu esquisser.

Une telle découverte ne put que flatter infiniment son amour-propre ; mais en vain chercha-t-il quel pouvait être l'auteur de cette galanterie. Il n'y trouva ni nom, ni billet dessous.

Il l'enleva cependant, et le porta dans sa chambre.

On peut conjecturer tout ce que son imagination enchantée lui suggéra à cette occasion.

. . . .

Sur le matin, comme fatigué de tant d'agitation, il commençait à s'assoupir ; un frémissement léger qu'il entend, le réveille en sursaut.

Il écoute.

Il soupçonne que le bruit vient de la porte.

Il se lève, il y va, il regarde par le trou de la serrure, il voit une jeune personne, occupée à recoller un second dessin.

Il ouvre brusquement !

Mais plus leste que lui, elle jette un cri et regagne le haut de l'escalier.

Qui cela pouvait-il être, sinon une des demoiselles de magasin du sieur Labille?

L'aventure est assez piquante pour donner l'envie à Duval de la mener jusqu'au bout. Donc, le soir, il recolle son portrait à sa porte et écrit au-dessous en gros caractère :

« JE VOUDRAIS BIEN CONNAITRE L'AUTEUR DE CE POR-TRAIT. »

La réponse ne se fit pas attendre. Le soir même le portrait était recouvert d'une autre figure représentant tant bien que mal une demoiselle qu'il devait nécessairement supposer jolie, et au-dessous, on lisait :

« C'EST MOI! »

Duval se demanda longtemps quelle était la figure que le « *C'est moi!* » voulait indiquer.

De guerre lasse, il songea que le moindre achat dans la boutique du père Labille le mettrait au courant.

Continuons les citations :

« En commandant un nœud d'épée, il envisagea successivement toutes les ouvrières, et un léger sourire de la part de mademoiselle Lançon lui fit retrouver en elle les traits de l'esquisse imparfaite qui l'avait frappé!

« Si celle-ci lui avait déjà chatouillé le cœur, qu'on juge de l'impression que fit sur lui l'objet même, si séduisant!

« Il attendit la nuit avec impatience pour continuer sa conversation énigmatique.

« Il écrivit cette fois tout simplement sur sa porte :

« QUAND MON PEINTRE POURRA-T-IL VENIR M'ACHEVER DE PLUS PRÈS ? »

La réponse ne tarda pas.

Quelques heures après il lut :

« VOTRE PEINTRE IRA DÉJEUNER CHEZ VOUS DIMANCHE A NEUF HEURES ; LAISSEZ VOTRE PORTE ENTR'OUVERTE. »

« Il ne manqua pas de riposter et de griffonner au même endroit :

« ON SOUPIRE APRÈS VOUS, CELA SERA EXÉCUTÉ. »

« Tous deux vraisemblablement attendirent le jour et l'heure du rendez-vous avec une égale impatience.

« Au terme indiqué, mademoiselle Lançon se glisse dans l'appartement du jeune homme. Celui-ci referme promptement la porte, et dans l'ivresse de sa joie, se croit déjà en possession de la plus charmante créature du monde.

« Il avait adroitement fait disposer d'avance les divers apprêts du déjeuner et s'était ainsi mis à l'abri des importuns.

« Le tête-à-tête fut vif et délicieux, mais ne devint pas aussi intéressant que l'avait espéré l'amant. »

Mademoiselle Lançon était experte et malgré son tempérament fougueux elle était prudente.

Le jeune Duval ne put pas se contenter longtemps de ce régime... Comme Moïse en vue de la terre promise, il perdit courage. — Une vieille fille qui se disait comtesse le séduisit, mais en honnête homme il en avertit son amoureuse trop prudente.

Et voici la réponse de mademoiselle Lançon.

« Tu m'apprends que tu me quittes pour une personne de qualité, pour une grande dame, avec qui tu vas vivre. Il me semble que ta vanité se complaît beaucoup à me faire part de cette nouvelle. Je ne sais si ton cœur est d'accord; mais j'en doute. Je sais que l'amour ne connaît point de pareilles distinctions; qu'il divise toutes les femmes en deux classes, les belles et les laides. Je sais encore qu'une jeune fille de seize ans a toujours mieux valu, vaut et vaudra toujours mieux qu'une grosse *coche* de quarante ans, fût-elle issue du sang des Bourbons. Penses-y bien: je te laisse vingt-quatre heures pour le temps de la réflexion ; et compte que tu ne trouveras pas deux fois la même chose. Ne crois pas que je sois embarrassée. J'ai un autre amoureux qui vaut mieux que toi pour la figure ; il est plus jeune, plus frais ; il est beau comme Adonis. Tu vas dire : Fi! quand je t'annoncerai que c'est mon coiffeur ; mais les grandes dames qui se piquent de s'y connaître, préfèrent souvent leurs laquais à leurs maris. Demande à la tienne : si elle regardait au rang, serais-tu dans son lit? Celui-ci m'offre la foi de mariage ; je n'en veux point, parce que je serais tentée de le faire cocu le lendemain ; sinon, il consent à me mettre dans mes meubles, à manger avec moi tout ce qu'il a amassé, et nous verrons de plus loin ; tant que nous nous aimerons, cela ira toujours bien. Adieu, encore un coup; songes-y : j'ai du faible pour toi en ce moment. Il sera bientôt passé, et c'est en vain que tu voudras y revenir quand tu seras dégoûté de ta femme de qualité. Le perruquier t'aura supplanté; tu en enrageras et j'en rirai! »

Femme! femme! trois fois femme! Comme cette folle lettre est d'un sage! Est-ce toi Jeanne, qui l'as écrite?

Décidément il faut avouer que les gens de cœur, de peur et de délicatesse réussissent peu auprès des femmes; — Duval *qui n'osait pas* n'obtint pas; Lamet, le *beau* Lamet, Lamet le perruquier, qui *osait*, obtint tout.

Les perruquiers ont des grâces d'état : ils entrent dans l'intimité, — ils sont des boudoirs, de la ruelle; — comme les femmes de chambre, ils connaissent les secrets de l'alcôve, de la nuit, du sopha.

Ils savent pourquoi cette épingle est tombée, puisqu'ils la placent — et la replacent.

Ils connaissent les secrets de la beauté : les eaux et les pommades qui teignent, qui font briller et qui parfument.

Tout ce qui est employé comme appât pour les autres ne peut être illusion pour eux.

Si donc ils sont amoureux de la beauté qu'ils parent, c'est évidemment une flatterie pour elle, puisqu'il lui est prouvé qu'elle n'a nullement besoin de cosmétiques pour plaire.

Le seul homme qui connaisse bien une femme, c'est son coiffeur.

Voici pourquoi Lamet, qui outre cela était beau, ce qui séduit les novices, — fut l'amant, dans toute l'acception du mot, de mademoiselle Lançon. Ensemble, — que l'amour est ingénieux ! — ils inventèrent des coiffures ! et les *chignons lâches* ou *chignons à la Du Barri*, sont encore à la mode de nos jours.

Mais les coiffeurs n'ont pas la tête si solide que celle de leurs modèles, et le beau Lamet fit de telles folies qu'en peu de temps ses créanciers l'obligèrent à se réfugier en Angleterre.

Pour Jenny Lançon, qui avait quitté les modes pour l'amour, elle devint...

Ce que vous allez voir au chapitre suivant.

III

L'ÉCHELLE DU VICE.

Les chroniqueurs du temps, disons plutôt les détracteurs, nous donnent la note suivante :

« La fameuse entremetteuse madame Gourdan, la surintendante en titre des plaisirs de la ville et de la cour, ayant la confiance des ministres, des prélats, des magistrats graves, des gros financiers, des libertins les plus délicats et les plus usés, fut bientôt informée de l'apparition de cette nouvelle étoile au magasin de modes où elle se fournissait.

« La confiance que chacun accordait à la Gourdan venait de ce qu'elle écrémait sans cesse la fleur des grisettes de Paris ; elle les décrassait, les formait, les stylait, les poussait et les faisait parvenir en proportion de leurs talents et de leurs attraits.

« Dès que madame Gourdan eut toisé de son coup d'œil mademoiselle Lançon, le sujet lui parut digne de ses soins. — Elle conçut tout ce qu'il pourrait valoir entre ses mains, et dressa en hâte ses piéges pour enlacer une si bonne proie. »

Nous ne faisons point ici l'apologie de la Du Barri,

mais il nous répugne de croire qu'elle ait descendu si bas.

Il vaut mieux la retrouver chez la veuve d'un fermier général, madame Lagarde, qui, sur la recommandation du révérend père Ange Gomart, l'avait reçue en qualité de demoiselle de compagnie.

C'est là que nous la voyons au milieu de la belle société du temps. C'étaient d'Alembert, Diderot, Grimm, Marmontel, les ducs de Soubise, de Brissac, de Richelieu. Tout ce monde-là, monde habile, intrigant et roué, fut complétement mystifié par la petite modiste : on la prit pour une sainte.

Mais une sainte d'une nouvelle espèce; une sainte qu'on ne tenait pas du tout à honorer, mais bien à adorer !

Voyez d'ici, d'Alembert faisant des madrigaux, Grimm du sentiment et Marmontel de la passion !

Il advint de tout ceci que la petite modiste, oubliant les perruquiers et les commis de marine, se laissa endoctriner par tous ces beaux esprits, et que les deux fils de madame Lagarde servirent de joujoux à l'adorable enfant.

Ah! la coquine! Le bel apprentissage qu'elle faisait là ! Elle sautait de l'un à l'autre avec une légèreté d'oiseau, si bien qu'un jour elle fut si légère, que ses deux amoureux, s'apercevant qu'ils étaient bernés, la firent sauter par la porte.

Jolie fille retombe toujours sur ses pieds ! Et puis elle était si jolie !

La Gourdan la dépeint ainsi :

« Elle était faite à ravir ; une taille svelte et noble, un ovale de visage dessiné comme avec le pinceau ; des yeux grands, bien fendus, le regard en coulisse, ce qui le rendait plus amoureux ; une peau d'une blancheur éblouissante ; jolie bouche ; petit pied ; et une abondante et magnifique chevelure. »

Les demoiselles Verrière, qui donnaient à jouer aux gentilshommes et aux financiers, l'accueillirent avec transport, et un gros banquier d'alors, Radix de Sainte-Foix, fut, dit-on, son préféré.

Il fallait mieux qu'un capitaliste à cette fille d'Ève, il fallait un mauvais sujet, c'est alors qu'elle rencontra le comte Jean Du Barri.

IV

JEAN DU BARRI

Les mémoires du temps facilitent singulièrement notre travail pour la suite de cette histoire ; nous y puisons largement, tenant avant tout à ne donner à

nos lecteurs que des faits d'une scrupuleuse exactitude.

Le comte Du Barri n'était pas d'un extérieur séduisant; mais c'était un intrigant du premier ordre,
un chevalier d'industrie, qui sans la moindre fortune
se soutenait à Paris, y faisait figure, donnait dans le
luxe très-coûteux de l'entretien des filles, et en avait
toujours quelqu'une à sa suite.

Il fréquentait les maisons de jeu, et en tenait une
lui-même.

Mademoiselle Vaubernier lui parut une excellente
acquisition à faire pour remplir ses vues; car c'était
au moyen des femmes qu'il tirait de quoi fournir à ses
dépenses et se faufiler parmi les plus grands seigneurs.

Il chercha donc à cultiver cette jeune personne, et
à l'éblouir par les promesses les plus magnifiques.

Il avait de l'esprit, il était insinuant, et mademoiselle Vaubernier, ivre déjà de la fortune qu'il lui promettait, accepta ses propositions.

Il commença par assouvir avec elle la passion dont
il ne pouvait se défendre, en voyant cette beauté naissante; et quand il s'en fut rassasié, qu'il se fut mis à
l'abri de toute espèce de jalousie, il ouvrit sa maison
comme à l'ordinaire, sous prétexte d'assemblées de
jeu, et exposa aux yeux des gens de la cour, qui venaient chez lui, l'acquisition précieuse dont il se fé-

licitait, et dont il reçut un applaudissement général.

Ce fut donc à qui en tâterait.

Nous ne pouvons donner la liste des gens illustres auxquels il a communiqué un trésor dont il se réservait toujours adroitement la propriété. — Ces marchés secrets n'ont qu'une publicité vague, sans qu'on puisse assigner exactement les copartageants.

Il est constant d'ailleurs qu'outre les seigneurs, le comte Du Barri ne refusait pas les matadors de la finance en état de payer ses services et en volonté de les acheter au poids de l'or.

Une chose étonnante sans doute, c'est que parmi tant de conquêtes, mademoiselle Vaubernier n'en ait conservé aucune, et soit constamment restée en la possession du comte.

On ne peut l'attribuer qu'à la dextérité de celui-ci; car on savait qu'elle n'était point heureuse avec cet amant impérieux.

Leurs voisins ont été souvent témoins de scènes très-violentes; et l'on rapporte avoir vu une fois cette malheureuse victime en peignoir, les yeux en larmes, jetant les hauts cris et voulant, dans son désespoir, se précipiter par la fenêtre. — Le caractère violent du comte l'intimidait.

En 1768, le comte Du Barri rencontra le sieur *Le Bel*, un des premiers valets de chambre du roi, le plus initié dans la confiance de Sa Majesté relativement à ses plaisirs secrets et qui était spécialement chargé de recruter pour remplir le *Parc-aux-Cerfs*.

On appelait de ce nom un quartier de Versailles, où madame de Pompadour avait établi une espèce de dépôt, pour y loger les jeunes filles qu'on était sans cesse occupé à chercher dans Paris, et que cette dame mettait dans le lit de son auguste amant.

Elle avait senti de loin la nécessité de subvenir à ses besoins physiques avec des secours étrangers, et se conservait toutefois par cette surintendance le cœur du monarque et tout l'honorifique d'une maîtresse en titre.

C'était dans un de ces jours de chasse aux filles que le Bel s'offrit au comte Du Barri.

Le Bel témoignait son chagrin au comte de n'avoir rien trouvé dans toutes ses courses qui pût convenir à son maître.

« N'est-ce que cela, lui dit le comte impudent ; j'ai votre affaire : vous savez que je ne manque pas de goût, fiez-vous-en à moi : venez dîner chez votre serviteur, et dites que je suis un coquin, si je ne vous présente pas la plus jolie femme, la plus fraîche, la plus séduisante ; un vrai morceau de roi ! »

Le pourvoyeur du monarque, enchanté d'un propos aussi consolant, l'embrasse et lui promet de l'aller trouver à l'heure convenue.

Le comte Du Barri s'empresse de retourner chez

lui et de faire mettre dans tous ses atours mademoiselle Lange.—Il lui apprend le rôle qu'elle devait jouer, la berçant d'avance d'un espoir qu'il devait regarder comme chimérique, et qui s'est pourtant réalisé.

Il lui déclare qu'il n'est pas question de paraître simplement à Versailles et d'y satisfaire incognito les désirs du roi; mais qu'il veut la rendre maîtresse en titre et lui faire remplacer madame de Pompadour, qu'il faut à cet effet qu'elle passe auprès du sieur Le Bel, qui va venir, pour sa belle-sœur; comme si elle eût réellement épousé le frère du comte, Guillaume Du Barri; qu'elle soutienne bien ce personnage, en déployant cependant sa coquetterie et ses grâces; qu'elle lui laisse le soin du reste et que tout ira bien.

Mademoiselle Lange, par plaisanterie, avait déjà pris plusieurs fois le titre de comtesse du Barri.

C'est un usage assez reçu parmi les filles entretenues de se qualifier ainsi des titres de leurs amants.

Elle n'eut donc pas beaucoup de peine à faire ce personnage vis-à-vis du sieur Le Bel, qui, émerveillé de la figure de la jeune personne, de son enjouement, de son regard lascif et de ses propos assortis, sentit bientôt rajeunir chez lui le vieil homme, et conçut par son expérience quel heureux effet une femme à pareilles ressources devait opérer sur son maître.

Le comte Du Barri profita de l'enthousiasme de

Le Bel, pour lui faire sentir que sa belle-sœur ne
pouvait être proposée au roi comme les grisettes de
toute espèce qu'on lui présentait et qu'on renvoyait
ensuite sans aucune autre difficulté ; que c'était une
femme de qualité qui se trouverait sans doute très-
honorée de la couche d'un prince, aussi grand roi
qu'amant désirable ; mais qui ambitionnait encore plus
la conquête de son cœur, et qui n'en était pas indigne
par l'attachement qu'elle se sentait déjà pour sa personne sacrée, attachement qui ne pouvait qu'augmenter dans une intimité plus grande.

Il fut décidé que dès ce moment, la prétendue comtesse serait un morceau sacré, et que le sieur Le Bel
rendrait compte au monarque de ce qu'il avait vu.

Arrivé devant le roi, Le Bel mit dans son récit tant
de chaleur et d'énergie, qu'il excita puissamment
l'amour du prince ; mais pour mieux l'enflammer encore, il lui proposa de lui faire voir l'objet sans que la
personne en fût instruite, et de mettre ainsi Sa Majesté
en état d'en juger par elle-même.

Le valet de chambre avait une petite maison arran-
gée pour cela, où il invita la comtesse à souper.

La compagnie fut assortie à la scène qu'il était
question de jouer, et le repas fut si voluptueux, que le
monarque ne put y tenir.

Dès la nuit même, il fit venir mademoiselle Lange,

et trouva dans sa possession plus de charmes secrets encore qu'elle n'en avait à l'extérieur.

Et Louis XV avait suffisamment d'expérience pour s'y connaître.

V

LES PETITS APPARTEMENTS.

Nous ne sommes pas invité par Sa Majesté, mais qu'importe ! Entrons et observons.

Madame Du Barri, — c'est son nom maintenant, — s'y trouve installée, elle y a sa cour, elle y est *reine*, — comme le lui avait prédit ce courtisan de Richelieu, dans ce fameux souper où le comte Jean l'abandonna au roi.

Et ma foi, la grisette est réellement bien disparue, c'est le roi qui est devenu étudiant : il fait le café de sa maîtresse.

Vive Cotillon III ! Saluez La France !

Car c'est ainsi que la Du Barri avait surnommé son royal amant.

Ah ! l'on s'amuse dans les petits appartements !

Le nonce du Pape et le cardinal de la Roche-Aymon ne rougissent pas de donner ses pantoufles à la maligne comtesse qui , sur un mot du roi, ne craint pas de faire fouetter par des femmes , la jeune comtesse de Rosen.

Le roi avait dit :

— « Bah ! ce n'est qu'une enfant propre à recevoir le fouet ! »

Puis ce sont des fêtes, des soupers, des déguisements.

La Du Barri adore le costume de Bacchante; — outre qu'elle y est ravissante, elle a encore le langage de l'emploi.

La roi, étourdi par ces audaces, est émerveillé.

Les courtisans deviennent de plus en plus nombreux autour d'elle, mais aussi de plus en plus plats.

Le duc de Tresmes vient un jour la voir, et ne la trouvant pas, il écrit sur la porte :

« *Le sapajou de madame la comtesse Du Barri est venu pour lui rendre ses hommages et la faire rire.* »

C'était le comte Jean qui la conseillait, car jamais sa beauté ni son esprit, ni même l'amour du roi n'eussent pu étouffer les jalousies de ses rivales.

Le comte Jean connaissait la valeur de l'instrument qu'il avait inventé.

Aussi s'efforçait-il de l'avoir toujours sous sa main.

Il avait entouré la comtesse des membres de sa famille : le vicomte Adolphe Du Barri, son fils, entra dans les pages de Monseigneur le Dauphin, et les sœurs du comte, Isabelle et Fanchon, furent placées près de la favorite en qualité de dames de compagnie.

Louis XV les aimait assez ; il se plaisait à leur faire parler le patois de leur pays.

On sait que ce monarque avait la manie des surnoms. — Ses trois filles n'avaient pas échappé à cette fantaisie singulière.

Madame Victoire s'appelait *Loque*, Adélaïde *Graille*, et Sophie, *Chiffe*.

De même Isabelle Du Barri fut surnommée *Bischi* et Fanchon, *Chon*.

Le roi se plaisait dans cette famille d'emprunt et n'entendait pas les criailleries des ennemis de la favorite.

Le duc de Choiseul et la duchesse de Grammont furent effrayés de la puissance de la Du Barri. Le Bel lui-même eut peur et craignit d'être renversé avec elle ; il accourut près du roi, il se jeta à ses genoux et lui demanda pardon de l'erreur dans laquelle il était tombé.

— Quelle erreur ? dit le roi.

— Sire, répondit Le Bel, j'ai été trompé, madame Du Barri n'est point mariée.

— Tant pis, répondit tranquillement le roi. — Qu'on la marie promptement, et qu'on me mette ainsi dans l'impossibilité de faire une sottise.

Le comte Jean n'est pas long à apprendre cette réponse.

Vite, il fait venir son frère Guillaume et le décide, moyennant une pension de soixante mille livres, à épouser la maîtresse du roi.

Le 1er septembre 1786, Marie-Jeanne Vaubernier, âgée de vingt-quatre ans, épousait Guillaume Du Barri à la paroisse Saint-Laurent.

En sortant de l'église, Guillaume salua sa femme, et monta dans une chaise de poste qui l'emmena à Toulouse.

Le duc de Choiseul, désespéré, fit courir des pamphlets, des libelles, des satires contre la favorite. — Rien n'y fit.

Le roi était désolé de voir l'antipathie qui existait entre sa maîtresse et son premier ministre, il essaya plus d'une fois de les réconcilier; mais ce fut en vain.

Un jour, Louis XV aborda directement la question, et reprocha au ministre de prêter l'oreille aux calomnies de la duchesse de Grammont contre une dame qu'il honorait de ses faveurs.

Le duc rougit en s'efforçant de justifier sa sœur aux yeux du roi, et finit par protester de son propre dévouement pour Sa Majesté.

— Prouvez-le-moi donc, lui dit le roi, en paraissant quelquefois dans le salon de madame la comtesse Du Barri.

— Sire, répondit le duc après avoir hésité quelque temps ; est-il absolument nécessaire au bien du service de Votre Majesté que je tâche de conquérir la bienveillance de madame Du Barri ?

— Non.

— Votre Majesté aurait-elle en moi plus de confiance ?

— Non.

— Permettez donc, sire, que les choses restent comme elles sont.

Cette réponse hardie causa la disgrâce du duc.

Jusqu'alors madame Du Barri n'avait pas une position officielle à la cour ; elle ne sortait pas des petits appartements et n'était invitée ni aux chasses, ni aux dîners publics. Il s'agissait, pour le comte Jean, de régulariser cette position.

VI

LA PRÉSENTATION.

Ce fut tout une campagne que cette présentation !

D'abord, entre deux caresses, la maîtresse demanda à l'amant la permission de l'accompagner dans ses voyages. Elle lui dit qu'elle était triste et inquiète quand il n'était pas là, qu'elle ne pouvait se passer de lui ; bref, elle capta si bien le faible monarque qu'il ne sut pas résister.

Ce fut le premier pas de fait.

Le comte Jean songea alors que les ennemis du duc de Choiseul devraient nécessairement être les amis de madame Du Barri.

Il poussa donc les ducs de Richelieu et de Soubise à demander au roi de présenter la comtesse à la cour.

Le roi refusa net.

Mais il réfléchit.

Le duc d'Aiguillon fit un second assaut; le roi hésita.

La Du Barri se chargea d'enlever la place.

Ce fut un autre siége à faire. — Il fallut employer autant de patience et de ruse qu'il en fut déployé au siége de Troie, lequel dura dix ans.

Ce fut pas à pas, mot par mot, qu'elle arracha au roi le précieux consentement.

Comment fit-elle?

C'est le secret de la femme, c'est le secret de l'amant.

Quoi qu'il en soit, un beau jour le roi Louis XV céda à la comtesse Du Barri.

Mais, il fallait une marraine!

La chose était difficile à trouver, et Choiseul était puissant et craint. Aucune dame n'osait ouvertement prendre le parti de leur ennemie.

Mais cela n'épouvanta pas le comte Jean.

Il dénicha à Paris une vieille dame ruinée, poursuivant un procès interminable, et qui portait le nom de comtesse de Béarn.

Il lui promit cent mille livres pour elle, un régiment de cavalerie pour son fils et quelques autres petites choses.

Dans une biographie de 1774 on lit ceci :

« Le jour étant pris pour cette cérémonie indécente à tous égards, madame Du Barri se rendit à Versailles avec une suite de domestiques brillante et nombreuse, et comme c'était sa première sortie publique, on se persuade aisément que M. Du Barri, son beau-frère avait réglé le cortége d'une façon proportionnée à son goût, à ses vues, à sa vanité, et surtout propre à ne pas humilier en apparence l'orgueil des dames respectables qui avaient bien voulu faire l'honneur à sa belle-sœur, de la présenter à mesdames.

« Cette présentation se fit donc avec les cérémonies d'usage en pareil cas, et après que l'initiée eut fait sa révérence aux augustes princesses, et qu'elle eut baisé le fond de leur robe, au défaut de leur main que les vertueuses filles de Louis XV lui refusèrent héroïquement, elle se retira assez peu satisfaite de l'accueil froid qu'elle venait de recevoir, auquel sans doute elle ne s'attendait pas, mais auquel elle aurait dû s'attendre si une personne de son état était susceptible de quelque sentiment d'honnêteté. »

Quand un ministre étranger, ou quelque personne de considération, devait être présenté à la cour, il devait commencer par l'être au roi, et de chez le roi on le conduisait graduellement chez tous les princes et princesses de la famille royale; — pour les *femmes*, la présentation se faisait au rebours, et ce n'était qu'après avoir passé successivement chez toute la famille royale, qu'elles parvenaient publiquement chez le roi.

Le roi, sachant l'heure et le moment que madame Du Barri devait arriver à Versailles se tint au balcon qui fait face à la grande avenue de Paris, c'était le soir du 22 avril.

Une foule compacte se tenait à la grille du château attendant avec impatience l'arrivée de la favorite.

« Que signifie tout ce tumulte? dit le roi en s'adressant à M. le duc de Choiseul.

— Sire, lui répondit le duc, ce peuple, informé que c'était aujourd'hui que madame Du Barri devait avoir l'honneur d'être présentée à Votre Majesté, est accouru de toute part pour être témoin de son entrée, ne pouvant l'être de l'accueil que Votre Majesté lui fera. »

Le roi fut humilié par cette réponse, et se tournant vers le duc de Richelieu, le chargea de renvoyer la partie à un autre jour; mais au moment où il allait sortir, madame Du Barri et sa marraine arrivèrent, et le duc n'eut que le temps de crier à haute voix en s'adressant au roi :

— Sire la voici ; s'il plaît à Votre Majesté qu'elle entre, elle est ici.

Madame Du Barri fut reçue comme une reine. Au moment où, selon l'usage, elle allait s'agenouiller devant le roi, celui-ci l'en empêcha et lui dit :

— Les Grâces ne s'inclinent devant personne.

Dès lors commence le crédit immense de la comtesse.

VII

GRANDEUR ET DÉCADENCE.

Il faudrait des volumes, ou plutôt il faudrait reproduire les volumes qui ont déjà été faits, pour dire ici toutes les anecdotes qui concernent madame Du Barri. Elles sont devenues proverbiales. Quand nous aurons raconté l'histoire des oranges, et mille autres qui se trouvent dans tous les anas, nous n'aurons pas donné à nos lecteurs le véritable caractère de cette courtisane célèbre.

Il n'entre point dans notre plan de parler de ses hostilités continuelles contre le premier ministre du

roi, nous ne nous occupons ici que de la femme galante, quoique la favorite d'un roi comme Louis XV
dût être nécessairement mêlée à toutes les intrigues
politiques du moment.

Pour résumer la situation, elle finit par éloigner
les Choiseul, et par attirer à ses pieds toute la cour.

« Les grands la courtisent, dit M. de la Croix-Futin;
les princes, Mesdames elles-mêmes ne font plus difficulté de l'admettre dans leur société. La grâce et la
bonté de la favorite ont triomphé de toutes les répu-
gnances. Madame la Dauphine l'accueille avec une
bienveillance toute particulière. »

Un jour, cette princesse avait demandé au roi l'au-
torisation de faire participer la duchesse de Chaulnes
aux soupers particuliers de la famille royale. Le roi
lui accorda sa demande et, le soir venu, présenta lui-
même madame Du Barri à sa famille.

— Ah! Sire, dit Marie-Antoinette en se levant, je
ne vous avais demandé qu'une grâce, et vous m'en
accordez deux.

Le mot plut fort au roi et surtout à la favorite.

L'ingratitude n'était pas au nombre de ses défauts.
L'épouse infortunée de Louis XVI devait en recevoir,
quelques années plus tard, des preuves touchantes.

Cependant le temps se passe et Louis XV vieillit.

Un jour que son premier chirurgien La Martinière
lui exprimait de sérieuses inquiétudes sur sa santé :

— Je vois bien, interrompit le roi, que je ne suis plus jeune et qu'il faut que j'enraye.

— Sire, répondit La Martinière, je pense que Votre Majesté ferait bien de dételer tout à fait.

Avec la vieillesse, les remords !

Louis XV annonça l'intention de faire ses Pâques.

La comtesse apprenant cela s'écria :

— Eh bien ! si le roi fait ses Pâques, je ferai les miennes !

Le roi devenait triste, ses compagnons de débauche couraient les uns après les autres ; — un de ses favoris, le marquis de Chauvelin, était tombé sous ses yeux au milieu d'un souper.

Autant d'avertissements !

L'astre s'éteignait ; mais en mourant il jeta un dernier rayon qui tomba sur une jeune fille de quatorze ans, la fille d'un meunier de Trianon.

Trois jours après cette dernière débauche, la jeune fille mourut, et le vieillard tombait malade.

Cette pauvre enfant qui, sans s'en douter, avait déjà les premières atteintes de la petite vérole, avait communiqué au roi le mal qui la dévorait.

Le 10 mai 1774, le duc de La Vallière apporta à madame Du Barri, qui s'était réfugiée à Rueil, dans le château de la duchesse d'Aiguillon, une lettre de cachet qui lui annonçait, trop clairement, hélas! la mort de Louis XV et l'avénement de Louis XVI.

12.

Le roi est mort, vive le roi ! Mais non pas vive la favorite.

VIII

SA MORT.

La disgrâce de madame Du Barri entraîna celle de toute sa famille.

Le comte Jean se réfugia en Suisse.

On rit de tout en France, et bientôt les bons mots circulèrent ; entre autres, on disait que *les tonneliers allaient avoir de l'occupation parce que tous les barils fuyaient.*

Au couvent de Pont-aux-Dames où se trouvait madame Du Barri, elle édifia les religieuses par sa résignation et sa modestie.

Louis XVI ne l'y laissa pas longtemps, il lui accorda la permission de se retirer à Luciennes.

Là, l'ancienne maîtresse de Louis XV, vécut dans la retraite et répandit l'aisance autour d'elle. — Elle ne voyait plus guère, de ses anciens flatteurs, que le duc d'Aiguillon et le duc de Cossé-Brissac.

La révolution éclata !

La courtisane déchue offrit à la reine les trésors qu'elle tenait de son royal amant.

« J'ai eu l'honneur, écrivit-elle à Marie-Antoinette, de vous offrir ces trésors du temps des notables ; je vous l'offre encore, madame, avec empressement et toute sincérité ; vous avez tant de dépenses à soutenir et des bienfaits sans nombre à répandre, permettez, je vous en conjure, que je rende à César ce qui est à César. »

La fille des Césars refusa !

Un jour, on envahit le château de Luciennes, et l'on jette aux pieds de la comtesse la tête du duc de Brissac !

Madame Du Barri passe en Angleterre ; elle vend ses diamants et secourt les émigrés.

Elle veut revenir en France ; ses amis lui conseillèrent de différer son départ : elle n'écoute personne. Il semble que son dévouement est son expiation.

Elle revient à Luciennes ; mais là, trahie par Zamore, ce nègre ingrat qui lui devait tout, elle fut arrêtée et mise en accusation.

Le 8 décembre 1793, madame la comtesse Du Barri fut condamnée à la peine de mort.

Le lendemain, sa tête roulait sur l'échafaud !

Ce fut une scène horrible que la mort de cette femme dont la charité avait expié les débauches !

— A moi ! criait-elle à la foule. A moi ! je ne dois pas mourir !...

Mais la charrette fatale avançait toujours !

En voyant l'horrible machine, la courtisane se débat.

— Encore un moment, monsieur le bourreau! s'é-cria-t-elle. Encore un...

Le couteau tomba!...

LOLA MONTÈS

I

NAISSANCE ET MARIAGE

Conçue à Séville en 1818, d'un père espagnol et d'une mère irlandaise d'origine, — mais ayant vu le jour à la Havane, — Lola Montès, peu de temps après sa naissance, et par suite de la mort de son père, fut emmenée en Angleterre.

Une fois sur la terre des Stuarts, sa mère ne tarda pas à former de nouveaux nœuds avec un officier irlandais et Lola fut mise dans une pension à Bath, comté de Sommersett.

Au sortir de pension , — où on lui avait appris le français aussi bien que l'anglais, — la belle et séduisante Lola, à peine âgée de quinze ans, ne trouva rien de plus convenable que de se faire enlever par un jeune et superbe officier du nom de Thomas James.

Madame Craigie , — tel était le nouveau nom de la mère de Lola, mécontente du singulier début de sa fille dans le monde, vint, — en mère qui porte ses regards vers l'avenir , — lui enjoindre d'épouser sir Alexander Lunley , gentleman décoré de soixante années, et possesseur d'une grande fortune.

Mais Lola, en qui le sang espagnol coulait avec une ardente vivacité et dont les sens étaient encore tout émus de sa rencontre avec le bel officier James, — Lola répondit par un refus formel à l'injonction de sa mère.

Au reste, il aurait été bien difficile de suivre une autre ligne de conduite, Thomas James lui ayant fait, entre deux baisers, la promesse solennelle, — promesse qui reçut, sans trop de tiraillement, un scrupuleux accomplissement, — de s'unir à elle par devant la loi; Lola préféra cette union à celle du vieillard cacochyme que lui offrait madame Craigie.

Vers cette époque le gouvernement britannique, désireux de soumettre quelques peuplades des Indes orientales, qui faisaient mine de vouloir se rendre indépendantes, dépêcha dans ces contrées, encore peu civilisées, quelques milliers de ses flegmatiques soldats, au nombre desquels se trouva Thomas James.

Lola se vit donc forcée d'y suivre son mari, quoique le ménage fût alors en pleine lune de miel.

Mais un tel séjour ne pouvait convenir longtemps à ses goûts et à sa jeunesse. — Une guerre contre les Afghans n'avait pour elle que de maigres charmes.

Lola rêvait un spectacle tout autre. — Ses goûts capricieux, son caractère léger et fantasque, son tempérament impétueux, tout en elle la portait vers une existence plus accidentée, plus riante, plus romanesque. L'amour qu'elle avait cru ressentir pour son ravisseur n'était qu'un simple caprice de ses sens, ce que l'on pourrait appeler le désir de l'inconnu. — Elle s'en convainquit bientôt ; car, à l'aspect de la vie de camp que James lui préparait, son unique pensée, son premier soin, fut de l'abandonner et de revenir en Europe.

Elle s'échappa donc sans regret des bras de son mari, et, sur le vaisseau même qui la ramenait, sa beauté, son esprit, ses charmes, ne tardèrent pas à être remarqués et à inspirer de vives passions.

II

LE VOYAGE A BERLIN

Comme dans la vie de tous les personnages célèbres, il y a un moment d'obscurité dans l'existence de la ballerine. Suivant nos renseignements, Lola, après avoir fait une courte station en Espagne, sa patrie, débarqua en Angleterre et se livra à une débauche effrénée.

— Lola a autant d'amants que de dents! — disait une de ses amies.

Elle en eut tant qu'elle en eut trop.

De courtisane qu'elle était, elle devint fille de joie au rabais!

Lola avait à peine vingt ans.

Cette nouvelle existence, où la *bête* joue le rôle principal, ne souriait que médiocrement à notre héroïne.

Elle vécut cependant une année et plus de cette vie abrutissante et infâme.

Au bout de ce temps, une âme généreuse, éprise de ses charmes, racheta sa liberté.

Malgré la libéralité de son *protecteur* inconnu,

Lola eut encore à souffrir des coups de la mauvaise fortune.

Dans une brochure publiée à Paris en 1847 et intitulée :

Lola Montès ; Aventures de la célèbre danseuse, racontées par elle-même, avec son portrait et un fac-simile de son écriture,

Lola raconte ainsi son voyage à Berlin.

D'après elle, à l'âge de quinze ans, elle perça d'un poignard le mollet d'un jésuite, à qui sa danse avait tourné la tête.

Ceci se passait à Cadix.

Un maître de ballets se présenta chez elle, peu de temps après et voulut l'engager à de très-belles conditions pour la cour de Madrid.

Lola accepta et partit avec sa nourrice en guise de duègne.

Laissons-la continuer elle-même son récit :

« Après des adieux déchirants faits à mon père et à ma mère, dit-elle, nous partîmes, en effet, dans une excellente chaise de poste. Je remarquai que, pendant tout le voyage, une berline nous suivait d'assez près, s'arrêtant où nous nous arrêtions : on auroit dit qu'elle nous surveillait. Nous marchions très-vite, et cependant le voyage avait duré plus de quinze jours, que nous n'étions pas encore à Madrid, cette grande capitale que j'étais si impatiente de voir.

« Je commençais à menacer mon maître de ballets de le traiter comme le vieil hidalgo, par le couteau dans le mollet, lorsqu'il me dit que nous étions arrivés.

« Nous descendîmes dans un très-bel hôtel. En traversant la cour, je trouvai qu'il faisait beaucoup moins chaud qu'à Cadix, et il me sembla que le ciel gris que je voyais n'était plus le beau ciel azuré de mon Espagne.

« On m'introduisit dans un appartement assez richement décoré, où je trouvai tout ce qui pouvait m'être nécessaire, souper, lit, femmes de service. En soupant, j'interrogeai mes gens ; aucun d'eux ne voulut me répondre ; ils semblaient même ne pas m'entendre. Ma nourrice paraissait étonnée du luxe qui nous entourait. Je l'interrogeai, et elle me dit qu'elle ne comprenait rien à tout cela.

« Je me couchai, enfin, espérant que le lendemain m'apporterait des éclaircissements. Cependant je passai une nuit très-agitée. Le matin, la fatigue avait fini par m'endormir assez profondément, lorsque tout à coup je fus éveillée en sursaut par une voix qui m'était bien connue, c'était celle de mon vieil hidalgo, de celui dont j'avais si bien découpé le mollet.

« Jamais je n'ai eu peur de rien, ni de personne.

« Je lui demandai ce que cela voulait dire.

« — Cela veut dire, ma belle enfant, que vous allez

ètre, si vous le voulez, me répondit-il, la plus heureuse des femmes. Je vous aime, je vous ai enlevée,
et nous sommes à Berlin.

« — Comment, à Berlin? en Prusse ? Ah ça, mais,
affreux jésuite, repris-je furieuse, mais non émue,
qu'est-ce donc que cet ordre de la cour, ce maître de
ballets?

« — Le maître de ballets est un de mes domestiques ; l'ordre avait été obtenu par moi. Maintenant,
vous voyez bien que vous êtes en mon pouvoir.

« — En votre pouvoir ! lui répondis-je en lui riant
au nez. Et pourquoi donc, vieil imbécile ? Est-ce qu'à
Berlin on n'est pas libre , comme en tout autre pays
du monde, de se débarrasser d'un vieillard gênant ?
On m'avait proposé de me faire danser à Madrid, pour
la cour d'Espagne ; on m'a trompée, et l'on m'a
amenée à Berlin. Eh bien ! qu'à cela ne tienne, je
danserai pour le roi de Prusse, voilà tout.

« — Oh! vous êtes bien toujours la fière et magnifique Andalouse! s'écria le jésuite en se précipitant
vers mon lit.

« — Ah! infâme gredin, lui dis-je, en saisissant
un flambeau, tu ne sais pas à qui tu as affaire.

« Il s'arrêta; moi, je sautai à bas de mon lit. Le
vieillard se mit à genoux en m'adressant des suppli-
cations, en pleurnichant, je n'y fis même pas attention.
J'allai tout droit au fauteuil sur lequel j'avais jeté ma

robe. Je détachai de ma ceinture mon poignard, et le levant sur le misérable :

« — Sortez d'ici, lui dis-je, je ne serai pas long-temps à vous suivre. J'irai me mettre sous la protection des lois de ce pays, et nous verrons si vous aurez l'audace de me persécuter encore.

« Il essaya de me fléchir par de nouvelles protestations, mais je fus inflexible et je le mis à la porte.

« Je sonnai, je questionnai mes gens qui ne me répondirent pas plus qu'ils n'avaient fait la veille ; cependant un d'eux, à qui je donnai une des quatre pièces d'or qui composaient le petit trésor caché que j'avais emporté de Cadix, consentit à me dire en allemand que ma nourrice avait été, pendant la nuit, transportée dans la chaise de poste et devait rouler en ce moment sur la route d'Espagne. C'est au moins ce que le peu d'allemand que j'avais appris me permit de comprendre dans le long discours que me fit cette femme de chambre tudesque.

« Je me trouvai donc seule à Berlin, presque dépourvue d'argent, mais riche de force d'âme et de volonté. Un être intelligent qui possède ces deux trésors est toujours sûr de se tirer d'affaire. Toute autre femme à ma place, se serait trouvée dans l'embarras, se serait mise à pleurer, peut-être. Moi, je ne perdis pas mon temps à cette stupide occupation, que je n'ai jamais connue, et qu'il faut laisser aux vieillards amoureux, aux enfants et aux femmes qui ont le cœur trop faible.

« Je fis un paquet de quelques hardes que j'avais emportées et je descendis. Sous le vestibule, je retrouvai l'horrible vieux qui me supplia de nouveau ; je lui ordonnai de me faire ouvrir les portes de l'hôtel. Il me fit en sanglotant une foule d'offres, de propositions diverses ; je ne l'écoutai point. Seulement, je ne pus m'empêcher de me mettre à rire comme une folle quand il me dit qu'il serait capable de m'épouser si je l'exigeais.

« Lorsque je fus dehors, tenant d'une main mon paquet et de l'autre mon éventail que je ne quitte jamais, je cherchai à m'orienter. J'étais dans une sorte de faubourg. La maison de laquelle je sortais était isolée ; cependant, je voyais une agglomération de maisons à quelque distance. Je me dirigeai de ce côté et je demandai, en mauvais allemand, au premier passant, le chemin de Berlin. Il me l'indiqua et je me rendis bravement à pied jusqu'à la ville.

« Je m'arrêtai au premier hôtel garni que je trouvai et j'y pris une chambre. Là, je rajustai ma toilette et je demandai qu'on me conduisît chez le directeur du théâtre où se représentaient les ballets.

« Cet homme, M. D..., m'accueillit on ne peut mieux ; il me fit mille compliments, et, sans accepter précisément mes offres de service, m'invita, à venir, le soir, dans sa loge, voir danser sa troupe.

« Vers sept heures, il m'envoya chercher dans sa voiture. J'entrai dans sa loge et je remarquai, au bout d'un instant, que toutes les lorgnettes et tous les yeux étaient fixés sur moi.

« Pourquoi me regarde-t-on ainsi? lui demandai-je; est-ce que mon costume est indécent?

« — Oh! me répondit-il, vous êtes si jolie!

« Le vieil hidalgo me l'avait bien dit, mais j'avais à peine fait attention à cette parole; je me regardai dans une glace, je regardai ensuite toutes les autres femmes qui étaient dans la salle et les actrices qui occupaient la scène, et je reconnus que j'étais plus jolie que tout ce monde-là.

« A la fin du spectacle, le directeur me demanda ce que je pensais de ses danseuses.

« — Tous ces malheureux, lui répondis-je, font des efforts inouïs pour se disloquer le corps et se tordre les pieds en mesure, mais pas un seul ne se doute de ce que c'est que la danse. Faites-moi débuter et vous verrez.

« Rentrée chez moi, je m'examinai en détail dans une psyché, meuble suranné qui est encore de mode dans les hôtels garnis de Berlin, et je conclus de cet examen que j'étais réellement très-jolie.

« Etre jolie! quelle puissance et quel élément de

bonheur ! n'avoir qu'à paraître pour attirer les regards, les hommages, exciter l'amour, l'enthousiasme ! Voir sur son passage saluer sa beauté, comme on salue le génie d'un grand homme. Dominer la foule avec un mouvement de deux beaux yeux, comme un homme la domine avec l'éclat de sa parole ou l'éloquence de son geste ! Qu'il est donc beau de pouvoir se dire : Je suis jolie et je le sais. La beauté est un diadème, un insigne de royauté que les hommes n'ont jamais pu méconnaître. Royauté de droit divin, s'il en fut, car c'est la Providence qui marque au front les élues auxquelles elle confie cette puissance, la plus réelle et la plus magnifique de toutes les puissances, pour peu qu'on en sache user. Royauté fragile peut-être, mais moins fragile assurément que les trônes des monarques, car elle laisse toujours des traces sur les fronts qu'elle a couronnés, et des souvenirs inépuisables dans les cœurs qu'elle a enchaînés !

« Je me couchai, je m'endormis en m'enivrant de toutes mes idées sur la beauté. Les rêves les plus dorés vinrent visiter mon sommeil.

« Le lendemain, je fus accablée de lettres d'amour et de visites. Une séance de trois heures dans un théâtre avait suffi pour me rendre célèbre et me faire connaître de tout Berlin. Je reçus tout le monde avec politesse, mais sans donner d'espérances à personne ; tous les gens qui m'avaient visitée étaient bêtes et fades.

« Le directeur du théâtre vint aussi me voir et m'offrit son amour ; je n'en avais que faire ; cependant je ne le rebutai pas, car je voulais à toute force débuter. Je lui proposai de danser devant lui la cachucha. Il me dit que j'étais ravissante, mais que je n'aurais aucun succès à son théâtre ; cependant, comme j'insistais pour y paraître, il consentit à mon début, en m'imposant des conditions qui me déplaisaient fort.

« Je débutai enfin, et je dois avouer que le public m'accueillit assez mal. Je n'en fus point surprise en songeant aux dislocations auxquelles il était habitué. On rit beaucoup de ma danse, on me jeta des bouquets, et le lendemain, je reçus soixante-onze déclarations d'amour, dont vingt-trois étaient en vers, en vers allemands; circonstance doublement aggravante.

« Le directeur chercha à me consoler, je l'envoyai promener et lui déclarai qu'il fallait absolument imposer au public un nouveau goût en fait de danse. Il voulut discuter, je lui dis alors qu'il ne devait point se mêler de m'aimer s'il n'était pas disposé à faire tout ce que je voudrais, à se laisser diriger par moi. Il réclama, essaya de faire du sentiment, me demanda si je ne l'aimais pas un peu.

« — Moi, lui répondis-je, vous aimer ! et pourquoi donc, je vous prie? Est-ce que les femmes sont faites pour aimer?

«Quand elles consentent à se laisser aimer par vous, c'est déjà beaucoup ; que cela vous suffise, n'en demandez pas davantage. Ah! les voilà bien, ces hommes, parce qu'ils se sont arrogé le pouvoir de faire les lois, ils se figurent qu'ils doivent être toujours les maîtres. Apprenez qu'au-dessus des lois, il y a une puissance qui se moque d'elles, c'est l'amour. Dans la société, les hommes sont les parlements ; dans une monarchie, les femmes sont les rois absolus. Voilà ma couronne, ajoutai-je en montrant mes yeux, et quand j'ai à punir, voilà mon sceptre.

« Et je détachai mon poignard de ma jarretière.

« Le directeur s'en alla un peu confus.

« Le fait est que je ne comprends pas l'amour autrement que je viens de le dire. On assure pourtant qu'il y a des femmes assez sottes pour aimer des hommes et se laisser dominer par eux. C'est qu'alors les rôles sont intervertis. Quant à moi, je n'ai jamais cru à ces exceptions.

« Je fus courtisée ensuite par un chambellan à qui j'ordonnai de me conduire à la cour. Comme il agissait trop lentement à mon gré, je voulus préparer les grandes dames à cette révolution en prenant le pas sur elles à la promenade. Mon cocher refusa de se rendre responsable de cette témérité : je montai moi-même sur le siége ; quelques gendarmes voulurent s'opposer à mon passage, je leur festonnai le visage

avec quelques coups de fouet et je fis partir mes chevaux au grand galop.

« Le lendemain, il y eut une émeute à ma porte ;
j'appris par une lettre anonyme que les jésuites, mes
ennemis acharnés, avaient poussé tous les gendarmes
de Berlin à venger sur moi l'injure faite à quelques-
uns d'eux. Je ne voulus m'exposer ni à la brutalité
de cette populace, ni aux intrigues des jésuites. Je
pris subitement le parti de fuir par une petite porte
du jardin. D'ailleurs, j'en avais assez de mon chambellan ; c'était un homme obéissant, mais d'une faiblesse trop banale : il subissait volontiers l'influence
de tout le monde. Je veux qu'on ne soit faible que
pour moi.

« Je partis pour la France, pays de liberté ; là, au
moins, me dis-je, on comprendra peut-être ma danse,
et je ne trouverai pas des jésuites.

« En route, je rencontrai Frantz Listz, le prodigieux
pianiste. En apprenant la révolution qu'il avait su
faire dans l'art du piano, j'espérai qu'il m'aiderait à
opérer un mouvement analogue dans l'art de la
danse. Je renonçai à visiter immédiatement la France,
et je parcourus avec lui plusieurs villes d'Allemagne.
Enivré de ses succès comme musicien, il semblait peu
goûter mes idées de réforme chorégraphique. Je reconnus un peu tard que je n'avais aucun parti à tirer
de ce fier connétable ès piano, et je le quittai pour
reprendre le chemin de Paris. »

III

Mais en quittant l'Angleterre, il est avéré que Lola passa en Pologne où ses chétives ressources furent bientôt épuisées, et c'est alors qu'elle se trouva, pour subsister, dans la nécessité absolue de danser le *fandango* et de chanter des romances dans les rues de Varsovie, en s'accompagnant d'une guitare.

Heureusement pour Lola, le hasard, — que Mürger appelle l'homme d'affaires du bon Dieu, — s'apitoya sur son sort : — il envoya sur ses pas le régisseur du théâtre de Varsovie qui, charmé de la danse de notre bohémienne, la présenta au directeur dudit théâtre, lequel s'empressa de lui signer un engagement d'un an.

La fortune recommença donc à sourire à notre héroïne.

Empruntons au *Figaro* quelques détails sur son séjour à Varsovie.

« Un jour, dit le feuilleton du *Figaro*, qu'elle était en visite chez madame Steinkiller, femme du premier banquier de Pologne, le vice-roi la manda au palais à onze heures du matin, et plusieurs dames l'ayant

assurée qu'il ne serait ni prudent, ni politique de refuser, elle se rendit chez le prince, dans la voiture de
madame Steinkiller. Le vieillard lui fit les propositions
les plus extraordinaires ; il donnerait à Lola un magnifique domaine dans le pays ; il la couvrirait de
diamants. Lola refusa tous ses riches présents d'une
façon polie, mais ferme. Mais son refus d'ajouter encore un ridicule à ceux du vieillard fut mal reçu.

« Le lendemain, le suppôt de S. M. le vice-roi,
être qui cumulait les fonctions de directeur du théâtre
et de colonel de la gendarmerie, passa à l'hôtel de la
danseuse pour avancer les affaires de son maître.

« Il commença par la douceur et le raisonnement ;
trouvant que cela ne menait à rien, il fit entrevoir les
menaces ; et c'est alors que la foudre éclata. La petite
folle lui ordonna de vider les lieux au plus vite.

« Lorsque Lola Montès se montra le soir sur la
scène, elle fut sifflée par deux ou trois individus qui
avaient évidemment reçu les instructions du directeur.
Le lendemain, le même incident se répéta ; le surlen-
demain encore. Lola Montès, irritée, se précipita vers
la rampe et déclara que ces sifflets lui étaient envoyés
par le directeur, vu qu'elle avait refusé certaines propositions du vieux prince son maître. — Alors l'assis-
tance éclata en applaudissements, et la vieille princesse encouragea la fougueuse Lola par des mouvements
de tête et des battements de mains.

« Voici donc une complication. Une foule immense de Polonais, qui détestaient à la fois le prince et le directeur, la porta en triomphe à son hôtel. Elle se trouva, pour ainsi dire, une héroïne sans s'y attendre et sans le vouloir. Dans un moment de colère, elle avait dit toute la vérité sans s'arrêter à la crainte des conséquences qui pouvaient suivre, et par là avait jeté la discorde dans toute la population de Varsovie.

« La haine que le Polonais portait si profondément au gouvernement russe et à ses agents trouva donc ici, pour éclater, une occasion favorable ; et, en moins de vingt-quatre heures, Varsovie bouillonnait et s'agitait avec tous les signes d'une révolution naissante. Aussitôt que Lola Montès apprit qu'elle devait être arrêtée, elle se barricada, et, lorsque survint la police, elle était derrière sa porte, un pistolet à la main, et promettait de tuer le premier qui franchirait son seuil. Les sbires eurent peur, ou tout au moins ne purent faire choix de la victime, et s'en furent informer leur maître et demander de nouveaux ordres. Sur ces entrefaites, le consul de France se présenta en galant homme et réclama Lola Montès comme sujet français, ce qui lui évita l'arrestation. Mais l'ordre de quitter Varsovie était formel.

« Les bagages de la proscrite furent fouillés, sous prétexte qu'on la soupçonnait de correspondre secrètement avec les ennemis de l'empire.

« On s'empara d'une lettre de recommandation amicale de la reine de Prusse pour l'impératrice de Russie. Lola l'arracha des mains de l'agent et la déchira en mille morceaux, qu'elle lui jeta à la tête. Cet acte confirma les soupçons les plus graves, et tous ceux qui avaient fréquenté Lola devinrent suspects. Au milieu de cette excitation, la jeune danseuse qui en était cause passa en Russie, où elle avait été invitée par l'empereur lui-même, alors qu'il était venu à la cour de son beau-père, Frédéric-Guillaume de Prusse.

« A son arrivée dans la capitale de Russie, malgré l'émeute qu'elle avait occasionnée à Varsovie, elle fut l'objet d'attentions particulières et flatteuses, qu'il y aurait vanité à relater en détail.

« Les faveurs qu'elle avait reçues des reines de Saxe et de Prusse lui avaient préparé un accueil des plus aimables et des plus délicats de la part de la digne et aimable impératrice de Russie. Et Nicolas, aussi bien que les ministres de sa cour, dépassant encore leur galanterie proverbiale, semblait désirer mettre à l'épreuve l'adresse et la sagacité de Lola dans les voies tortueuses de la diplomatie et de la politique secrète.

« Maintenant, j'ai donné de l'histoire de Lola Montès autant qu'il en est besoin pour comprendre quelle *forte* éducation a précédé son voyage en Bavière ; comment elle était préparée à cette carrière variée, orageuse, et sous beaucoup de points malheureuse, qu'elle a dès lors parcourue. Ne vous y trompez pas ; je ne promets pas d'expliquer bien l'énigme de Lola Montès ; je ne l'ai pas encore devinée moi-même : mais je raconterai fidèlement d'étranges épisodes de sa vie, — sans vouloir le moins du monde dissimuler Lola Montès aux yeux tout grands ouverts de la critique. »

Dans le chapitre suivant, nous la retrouvons à Paris.

IV

PARIS — DÉBUTS A L'OPÉRA.

A peine installée dans la capitale du monde civilisé, Lola Montès songea à rendre visite à MM. les journalistes ; car des gens qui lui voulaient du bien lui avaient insinué que la puissance la plus influente, pour protéger et faciliter ses débuts à l'Opéra, était le journalisme.

Elle alla donc trouver messieurs du feuilleton hebdomadaire.

Nous empruntons à la brochure parue en 1847 le rendu compte de ses démarches. — C'est Lola Montès elle-même qui parle :

« Je les trouvai presque tous fort aimables; — Janin me reçut sans façon, comme il eût fait d'un camarade.

« Fiorentino me promit les bonnes grâces du *Corsaire-Satan*, et n'y mit aucune condition.

« Théophile Gautier n'en mit pas davantage aux sympathies de *la Presse*.

« Amédée Achard mit à mes pieds le feuilleton du *Courrier Français*, me protestant du plaisir qu'il aurait à voir enfin danser *en espagnol*.

« Rolle me promit que *le Constitutionnel* me vengerait dignement des jésuites. »

(Lola Montès prétendait que les jésuites voulaient sa perte.)

« Après les journalistes, j'allai voir le directeur et les artistes de l'Opéra.

« Je trouvai M. Pillet et tous ses pensionnaires on ne peut mieux disposés pour moi.

« Madame Stoltz me fit force compliments. — On consentit à mes débuts à première vue. »

Ses souhaits et son ambition reçurent satisfaction complète : — Lola Montès débuta à l'Opéra!

Les annonces pompeuses qui furent imprimées dans les journaux avant les débuts de la danseuse espagnole attirèrent une foule innombrable à ce théâtre.

Des coupons de loges, payés quarante francs au bureau, se vendirent, — à la porte du théâtre, — jusqu'à deux cent cinquante francs. — Les trafiquants de billets encaissèrent des bénéfices fabuleux durant les représentations que donna Lola Montès.

Mais, si ces représentations furent peu nombreuses, — elles n'atteignirent qu'au chiffre quatre, — elles furent du moins fort agitées, fort tumultueuses.

On eût cru assister aux soirées mémorables de *Ruy-Blas*, d'*Hernani*, du *Roi s'amuse*, ou plutôt de *Gaëtana*.

Un monde de curieux, un monde en délire se pressa, se bouscula, se déchira, s'étouffa dans l'enceinte de l'Académie royale de musique, pour voir cette ballerine, pour applaudir — d'aucuns — à ses ébats, — d'autres pour siffler ses évolutions, ses excentricités chorégraphiques.

Les deux premières représentations se passèrent assez bien. Le public joncha la scène de bouquets à l'apparition de Lola Montès ; — tout était pour le mieux.

L'accueil qui lui fut fait à la troisième représentation, changea complétement de physionomie : il ne fut rien moins que glacial.

Deux jours plus tard un étrange spectacle devait se jouer dans la salle et sur la scène.

A peine Lola Montès eut-elle exécuté quelques pas de sa bizarre invention, que des murmures désapprobateurs se firent entendre de toutes parts, — des coups de sifflet partirent de tous les coins, des rires moqueurs, ironiques, sillonnèrent l'espace et ébranlèrent la voûte de la salle.

Ce fut un brouhaha épouvantable, — quasi une révolution !

— Assez ! assez ! criaient les uns.

— Plus de danseuse espagnole ! hurlaient les autres.

— A bas Lola ! à bas Lola ! vociféraient les plus acharnés, sur un air très-connu.

En face d'une hostilité si farouche, Lola Montès, loin de se déconcerter, — continua de danser avec un aplomb superbe, tout en ne laissant pas que de projeter une petite vengeance.

Choisissant l'instant le plus propice, elle dénoua sa jarretière , et , — après l'avoir déchirée à belles dents, — elle en jeta, — dans sa fureur extrême, — les morceaux aux gandins de l'orchestre, en ayant l'air de leur dire :

— Voilà comment je me venge !

Comme un seul homme, le public demanda aussitôt la tête de l'effrontée baladine ; mais l'administration de l'Opéra crut ne devoir point obtempérer à son désir ; — seulement elle lui fit la promesse de rayer

l'impudente Espagnole du nombre de ses pensionnaires, — promesse qui fut religieusement obser-
vée.

V

DÉBUTS A LA PORTE SAINT-MARTIN.

Malgré ce fiasco bien conditionné, malgré cet échec
splendide, Lola Montès ne se tint pas pour battue.

Lola voulait, — au théâtre, — devenir célèbre à
tout prix : elle le devint !

Secondée par les journalistes, elle se fit engager au
théâtre de la Porte-Saint-Martin, où, — selon les
journaux, — le succès ne lui fit pas faire longtemps
antichambre.

Au lendemain de ses débuts, — en l'an de grâce
1841, — on put lire dans toutes les feuilles publiques, grandes et petites, politiques ou purement litté-
raires, de mirobolantes tartines en l'honneur de cette
ballerine.

Est-ce sa danse vive, animée, pittoresque, qui
attira ainsi l'attention sur elle, — qui la fit applaudir,
acclamer ?

Hélas ! non.

Lola n'était rien tant qu'une baladine d'un médiocre talent ; — seulement, elle avait l'art de charmer, de séduire, d'enthousiasmer certain public par ses mines lascives et par ses sourires souverainement provocants.

Elle se vit donc encensée, courtisée, recherchée, adorée !

Une meute de soupirants se pressa dans son boudoir ; — Lola fut à la mode !

De jeunes dissipateurs, — d'imberbes ennuyés, de vieux débauchés, d'indignes céladons, — peuple de fous, peuple de sots, — s'agitant sans ivresse dans la vie, et jouissant des plaisirs sans chaleur ni passion, — accoururent se disputer le bonheur ténébreux dont l'enchanteresse ballerine était la dispensatrice.

Nouvelle Messaline, le nombre de ses adorateurs, loin d'effrayer Lola, ne servait qu'à aiguillonner ses désirs sans cesse renaissants.

Sa réputation scandaleuse grandit donc à vue d'œil.

Dans l'ivresse de ses succès, une honteuse pensée sillonna son esprit, qui devait mettre le sceau à sa célébrité dévergondée.

Par un beau soir, s'étant rendue, comme de coutume, au théâtre de la Porte-Saint-Martin, où son engagement comme danseuse l'appelait, Lola Montès résolut d'exécuter son misérable dessein.

Jusque-là ses talents chorégraphiques n'avaient
étonné aucun connaisseur , n'avaient été que
peu ou point remarqués ; — elle voulut donc
émouvoir la foule par un spectacle tout différent,
complétement inédit. — Nos neveux ajouteront-ils foi
à ce que l'on va lire ?

Lola Montès parut en scène, et dansa sans maillot!!!

. . . .

Elle fut sifflée, huée par la majorité des spectateurs; — il fut fait bonne et prompte justice de cet
acte inqualifiable!

Mais comme cette impudique ballerine comptait
force partisans dans la salle, son effronterie révoltante
fut également applaudie avec frénésie.

Il y a des cyniques partout !

A l'issue de cette scène aussi immorale qu'inattendue, l'impresário du théâtre , — indigné, — était-ce
de l'indignation ou simplement du mécontentement
qu'il éprouvait?—vint trouver sa pensionnaire dans sa
loge, et lui tint à peu près ce langage :

— Ma chère petite, le talent chorégraphique que
vous avez déployé chez moi jusqu'à ce jour, — loin
de me déplaire, me charmait à un haut point ; —
j'ai applaudi maintes fois à vos pas hardis, risqués
peut-être, mais pleins de séductions. J'aurais donc
été heureux de vous voir, longtemps encore, faire
partie de ma troupe ; seulement, votre *excentricité*

— indulgent directeur ! — de ce soir, ayant indis-
posé la majeure portion du public contre vous, me
met dans la dure nécessité de vous dire :

— Tout est rompu entre nous, ma pensionnaire !

VI

DUJARRIER.

Après avoir quitté la Porte-Saint-Martin, Lola devint
la maîtresse de Dujarrier, gérant du journal *la Presse*.

Voyons, dans la brochure déjà citée, comment elle
expliquait ses relations avec lui, et la catastrophe qui
les a dénouées.

Bien entendu que nous ne nous faisons nullement
complice de ses appréciations politiques et autres ;
nous avons seulement souligné celles qui nous parais-
saient les plus singulières.

« C'était un homme d'un esprit remarquable, fran-
chement aimé de ceux qui le connaissaient, *à l'excep-
tion* de ses amis politiques, qui craignaient sa plume
mordante et acerbe. Dujarrier passait avec Lola Montès
toutes les heures qu'il pouvait dérober à ses devoirs
de gérant. A son contact, elle *mûrit rapidement à la
politique* et devint l'ennemie déterminée de toute

oppression tyrannique, sous quelque forme qu'elle
se montre.

« *Bientôt elle devint familière avec la politique
européenne*, et de plus, républicaine si enthousiaste,
qu'elle s'indignait presque d'être femme. Mais pendant
que tous deux s'occupaient de politique, ils s'éprirent
d'une passion mutuelle et se promirent bientôt de
s'épouser.

« C'était en automne ; au printemps suivant devait
se célébrer le mariage. Tout était arrangé. Alexandre
Dumas et Méry, le célèbre poëte, devaient les accompagner dans le voyage qu'ils feraient en Espagne.

« Mais hélas ! le doigt mystérieux de la Providence
avait assigné aux choses un autre cours ; Dujarrier fut
assassiné de la manière la plus barbare ; car bien qu'il
soit mort en duel, la politique était le mobile de tout.

« Le matin du duel, il lui écrivit ce billet plein
d'affection :

« Ma chère Lola, je vais me battre au pistolet, ce
« qui vous explique mon absence de ce matin. J'ai
« besoin de tout mon calme. A deux heures tout
« sera fini. Mille baisers, chère Lola, ma bonne petite
« femme, que j'aime tant, et dont la pensée ne me
« quittera jamais. »

« On se battit au bois de Boulogne. Dujarrier fut
tué instantanément par son adversaire. Aussitôt que
Lola eut reçu le billet de Dujarrier, elle sortit préci-

pitamment, et fit tous ses efforts pour joindre les combattants. Il était trop tard. Elle reçut le cadavre apporté dans une voiture, puis, à l'aide de ses amis, fit les préparatifs des funérailles autant qu'elle le pouvait au milieu de la tristesse et du désespoir qui enveloppaient son âme.

« Le matin du duel, Dujarrier avait fait son testament, laissant à Lola la plupart de ses biens, qui montaient à 500,000 francs. Mais elle remit, et le bien foncier, et l'argent aux parents, et quitta Paris pour débarrasser ses yeux des spectacles qui lui rappelaient constamment une perte à jamais irréparable.

« Beauvallon fut arrêté et jugé sous l'inculpation d'assassinat ; Lola fut citée comme témoin. La relation de son témoignage parut dans les journaux :

« — *Je tirais mieux que Dujarrier, disait-elle, et si Beauvallon voulait satisfaction, je la lui eusse donnée moi-même.*

« Elle reçut le cadavre, et l'émotion qu'elle ressentit alors était visible encore au moment de son témoignage.

« Le procès eut lieu à Rouen, et parmi les témoins se trouva Alexandre Dumas, un des amis de Dujarrier. Lorsqu'on demanda à Dumas sa profession, il fit une réponse remarquable et digne : « Je me dirais poëte dramatique, si je n'étais pas dans la patrie de Corneille. » Rouen a vu naître, en effet, les deux frères, et bien que deux siècles se soient écoulés depuis, leur mémoire est *encore* chère aux habitants.

« A cette époque, Lola Montès était pleine de vie et d'activité ; elle aurait eu parfaitement le courage de prendre la place de Dujarrier ; dans ce cas, *Beau-vallon ne se fût pas sans doute aussi facilement tiré d'affaire qu'il le fit avec sa victime, tout à fait inha-bile au tir.*

« Après ce déplorable événement, Lola quitta Paris pour la Bavière. »

VII

LOLA ET LE ROI LOUIS DE BAVIÈRE.

C'est par un autre *Le Bel*, dont elle fit la rencontre dans un salon de Munich, — que cette Du Barry fut présentée au vieux roi Louis de Bavière.

C'est par son esprit enjoué, ses grâces enchante-resses et ses attraits séduisants, — car la nature, chez elle, resta longtemps victorieuse du vice, — qu'elle captiva le cœur de cet autre roi Louis XV.

C'est par suite d'un tête-à-tête secret avec le roi que Lola Montès fut intronisée, qu'elle devint reine de la main gauche !

Étrange caprice du sort !

Après s'être endormie sur les degrés humides d'un lupanar, cette bohémienne se réveilla sur les marches d'un trône !

Dans l'idiotisme de cœur et d'esprit où il était plongé, Louis fit asseoir Lola Montès à la table royale, non loin de la reine Thérèse, sa légitime et malheureuse épouse, et en présence des autres membres de sa famille, ainsi que de ses sujets favoris!

Il ordonna à tous d'avoir, pour sa maîtresse, les plus délicates et respectueuses attentions, les plus grands égards !

Il exigea qu'elle fût traitée à l'égal de la reine, et décorée par la reine elle-même!

L'ancienne ballerine ayant manifesté la volonté d'être comtesse de Landsfeld, fut nommée, — par lettres patentes, — comtesse et citoyenne bavaroise !

Reprenons la brochure, et voyons comment Lola justifie ces hautes faveurs :

« Ces résultats favorables peuvent être raisonnablement attribués au talent et à l'énergie de Lola Montès, *qui ne reçut dans sa promotion au titre de noble que la récompense ordinaire due aux services publics.* Elle fut faite comtesse de Landsfeld, dignité accompagnée d'un bien du même nom, avec certains droits et priviléges féodaux sur environ deux mille âmes. Son revenu, y compris une addition récente que lui faisait le roi, de 20,000 florins, était de 70,000 florins par an.

« Après tout le bruit qu'a fait Lola Montès en Bavière, elle peut défier *l'histoire* de lui donner un autre exemple où la puissance aux mains d'une femme ait été exercée avec plus de convenance et de dévouement à la cause des libertés humaines. Ce fut *elle, et elle seule*, qui amena le roi, non-seulement à renverser un ministère inébranlable pendant plus d'un quart de siècle, mais encore lui fit choisir un nouveau ministère dans les rangs du peuple, sans tenir compte de la naissance. Quel pas immense pour un État allemand ! Et vous autres, Américains, dans vos paisibles foyers républicains, vous ne pouvez vous figurer la rage furieuse qu'excitèrent ces innovations chez la noblesse. Non-seulement en Bavière, mais dans toute l'Allemagne, Lola fut alors démon, diable, dragon, avec plus de têtes et de cornes que l'affreuse bête dont parle l'Apocalypse.

« Lorsque Lola arriva en Bavière, les nobles avaient de tels priviléges que nul marchand ne pouvait les poursuivre pour dettes, et qu'ils n'étaient jugés que par leurs pairs. Le pauvre peuple, hélas ! n'avait aucune chance lorsqu'il tombait sous le coup des lois; les nobles seuls étaient les juges. Pour remédier à cet abus, Lola Montès avait obtenu du roi, qu'il introduirait le Code Napoléon : elle le faisait réunir et mettre en due forme lors de la révolution qui la renversa du pouvoir. Rude fut le coup qu'elle porta aux têtes gonflées de la noblesse patentée en prenant les ministres dans les rangs du peuple ; mais l'introduction du Code Napoléon fut pour eux le dernier coup.

« Les prêtres répétaient partout que la sainte Vierge avait quitté Munich, que Vénus avait pris sa place. D'abord, ils essayèrent de la gagner. On trouva un noble qui consentit à l'épouser, puis on tenta de l'or autrichien. Le vieux Metternich lui offrait un million pour sortir de Bavière. Toutes ces propositions restant sans effet, vinrent ensuite les menaces et les complots pour sa perte. Deux fois l'on tira sur elle, une fois on tenta de l'empoisonner ; mais le désir immodéré de réussir compromit le succès de l'odieuse entreprise.

« Puis, quand éclata la révolution qui renversa Lola Montès, elle dut céder non pas devant l'adresse ou la sagacité de ses ennemis, mais devant la force brutale soudoyée par l'or autrichien. Les rues de Munich en furent semées, et la canaille (je ne dis pas le peuple), et les flâneurs de bas étage, et les mercenaires stipendiés, devinrent les instruments du parti de Vienne. Ils vinrent avec des fusils et des sabres et entourèrent avec des cris forcenés son petit château. Malgré la prière des amis qui se trouvaient auprès d'elle, elle affronta la foule ameutée qui demandait sa vie. Mais c'était folie de vouloir dompter ces passions déchaînées. Mille canons de fusil se braquèrent sur elle, et cent gros bourgeois apoplectiques lui demandèrent avec un accent féroce d'abolir tout ce qu'elle avait fait. Dans un langage plein de douceur, car ce n'était pas le moment de gronder, elle répondit qu'elle ne pouvait accéder à ces demandes ; ce qu'elle avait fait était pour le bien du peuple et l'honneur de la Bavière ; ils lui arracheraient la vie s'ils le voulaient, ce qui n'avancerait pas leur cause, car son sang ne prouverait jamais qu'ils eussent raison. Au milieu de ces débats, ses amis la firent rentrer ; puis, s'apercevant que les brigands se préparaient à brûler la maison, elle céda aux conseils et aux instances de ses amis. Elle s'échappa déguisée en paysanne et, bien qu'en février, fit sept milles à pied dans la neige, à travers champs. Les chefs du parti libéral durent aussi se sauver avec leur famille. »

VIII

DÉCADENCE. — VOYAGE EN AMÉRIQUE. — SA MORT.

Chassée honteusement de Munich, notre ex-reine de la main gauche vint se réfugier en Angleterre, cette patrie des proscrits.

La voilà une fois encore tombée dans l'obscurité la plus complète.

Y restera-t-elle toujours ?

Non, certes ! — notre bohémienne a trop de ressources dans son imagination, pour ne pas sortir, — d'une façon victorieuse, — de la situation précaire, de la fâcheuse impasse où elle se surprend.

En effet, — au sein de son isolement, — jaillit de son esprit la pensée hardie d'un nouveau mariage, dont l'exécution ne lui parut pas impossible.

— Je suis jeune encore ; — je suis belle toujours, se dit-elle en se mirant dans une glace. — Je vais me faire épouser !

Elle se mit aussitôt en campagne, et, — comme son titre de comtesse de Landsfeld lui fit ouvrir des portes qui, devant le nom seul de Lola Montès, seraient restées hermétiquement closes, — elle ne tarda pas à voir une foule de courtisans se prosterner à ses pieds.

Un entre tous, — un riche officier du nom de Heald, — s'éprit si follement de la comtesse que, — pour jouir plus sûrement du bonheur de posséder son idole, il lui offrit son nom et sa fortune.

Thomas James, le premier mari de Lola Montès, existait encore à cette époque.

Les projets de mariage que la courtisane roulait dans sa tête devenaient donc irréalisables?

Pour toute autre que Lola, sans doute ! — Mais pour notre héroïne, un mari de plus ou de moins était chose insignifiante.

— Quand on prend des maris, on n'en saurait trop prendre! pensait-elle.

Au reste, les propositions de sir Heald étaient trop affriolantes pour qu'elle les dédaignât.

Lola Montès les accepta donc, et voilà comment madame la comtesse de Landsfeld devint bigame !

Informée, mais un peu tard, de la parfaite existence de Thomas James, la famille de sir Heald, — à peine l'union contractée, intenta à la courtisane un procès en bigamie ; — d'une commune entente, les nouveaux époux jugèrent prudent de passer en Espagne, où, — à l'abri de tout souci, — ils purent savourer leur lune de miel.

Quoique devenue mère, Lola Montès, — dont la nature fiévreuse et le caractère mobile étaient opposés aux longues unions, — abandonna son second mari, ainsi qu'elle avait fait de son premier.

C'est dans l'Amérique du Nord, sur un théâtre, que nous la retrouvons.

C'est là qu'elle eut la monstrueuse audace, — héroïne et actrice à la fois, — de jouer une indécente comédie intitulée : *Aventures de Lola Montès en Bavière.*

Des monceaux d'or furent le prix de son audace.

Mais c'est là aussi que la terrible cravacheuse trouva, — non son maître, mais sa maîtresse, — qu'elle fut cravachée à son tour par la femme d'un directeur de théâtre, avec qui elle avait eu la velléité de se mesurer.

Lola Montès est morte en 1860, presque dans la misère...

Ainsi finissent les courtisanes!

THÉROIGNE DE MÉRICOURT[*]

I

Après Charles Monselet et les frères de Goncourt, que dire de cette femme, courtisane et héroïne à la fois?

Ils ont, croyons-nous, épuisé la source des renseignements, et le mieux est de consulter ces auteurs érudits avec la plus grande indiscrétion.

L'héroïne d'ailleurs est tout à fait de second ordre. Dans notre ouvrage — dont le cadre est restreint — elle n'apparaît que pour lier d'une façon plus intime le dix-huitième siècle au dix-neuvième.

[*] Par suite d'une erreur dans le classement de la copie, l'étude sur Théroigne de Méricourt a été placée après celle de Lola Montès qu'elle aurait dû précéder. *(Note de l'éditeur.)*

Nous ne voulons faire qu'un croquis léger de la femme entretenue à l'époque de la révolution.

Nous eussions pu choisir des femmes moins caractéristiques : Olympe de Gouges, La Morancy ou *Illyrine l'Évaporée*, la brune Gabrielle, etc., cela nous eut entraîné trop loin ; pour nous, Théroigne de Méricourt est le prototype de la courtisane républicaine.

Théroigne s'appelle Terwagne : voici pour l'orthographe réelle de son nom, quant à sa ville natale, c'est Marcourt et non Méricourt.

Ceci explique déjà au lecteur la prononciation flamande que devait avoir *la belle Liégeoise*, comme on l'appelait.

Mais à cette époque la belle langue ne constituait pas le civisme, on admettait les *cuirs* et les *velours* pourvu qu'ils fussent patriotiques.

Soit par tempérament, soit par « fatalité ! » Théroigne fut séduite.

Il n'y avait peut-être d'ailleurs ni tempérament, ni fatalité dans cet *accident*. L'histoire n'a pas pour mission de constater l'état des cœurs, l'exactitude des faits lui suffit.

Ici la compilation devient nécessaire ; Charles Monselet, en notre lieu et place, va vous présenter notre héroïne.

II

« Un jour, une belle fille arriva dans Paris et vint se loger aux environs du Palais-Royal, l'éternelle et grande sentine. Elle apportait avec elle beaucoup de diamants, une argenterie considérable et de l'or en quantité. On l'appelait madame la comtesse de Campinados. Elle avait pris par Londres pour venir à Paris, et la rumeur publique lui avait donné le prince de Galles pour amant. A l'époque où nous parlons, elle traînait avec elle un vieux et horrible chanteur castrat de soixante ans, l'Italien Tenducci, dont elle s'était affolée par un caprice inexplicable.

« La comtesse de Campinados n'était pas, on le voit, de ces rachitiques aventurières qui n'ont que la beauté sur les os, et dont l'insolence a faim et froid sous leur fourreau de satin hasardeux. Elle occupait tout un premier étage d'un hôtel, tout un rez-de-chaussée et tout un jardin. Le temps était bon alors pour les courtisanes, et, quoique l'on affectionnât plus particulièrement celles qui étaient laides et maigres (en France la mode amoureuse a de ces fantaisies), la comtesse de Campinados absorba du premier coup l'attention publique ; elle devint la beauté du jour ;

selon l'expression en usage, et ce jour dura toute sa vie, c'est-à-dire toute la révolution.

« Il restait encore quelques grands seigneurs lors de son arrivée : elle les ruina. Après les grands seigneurs ce furent les financiers; puis, lorsqu'il ne resta plus ni financiers ni grands seigneurs, elle se retourna vers le peuple et elle devint la maîtresse du peuple, après avoir presque été la maîtresse d'un roi.

« De ce jour, madame la comtesse de Campinados ne s'appela plus que Théroigne de Méricourt.

« Sous la robe de soie aux bouquets de pierreries, comme sous l'amazone aux couleurs émeutières, c'était une femme sans gêne, qui aimait le mouvement dans la vie et la passion dans le mouvement. Passion de l'or, passion de l'amour, passion politique, passion quelconque, n'importe laquelle. Elle alla ainsi jusqu'au sang, elle alla jusqu'à la folie, qui est l'exaltation de toute passion humaine. Dans la folie, elle ne s'arrêta même pas, vous le verrez plus tard.

« Elle était belle, oh! oui, bien belle, je l'ai dit. Ainsi devaient être les filles de Sparte qui allaient voir les lutteurs sur la place publique et qui marchaient la jambe nue, le front haut. Marbre et feu, tels semblaient être les deux éléments incompatibles qui avaient concouru à sa formation. Chez elle, les extrémités surtout étaient magnifiques; on s'extasiait devant la perfection de ses pieds et de ses mains. Ces pieds passèrent pourtant par bien des fanges, ces mains se cramponnèrent au cou de bien des victimes !

« Un membre du club des Cordeliers la compara une fois à la reine de Saba, cette folle et riche figure que l'on voit, non sans un peu de scandale, passer en robe à queue dans les livres saints. Théroigne de Méricourt fut en effet la reine de Saba de la révolution ; elle en eut les côtés brillants et extraordinaires.

« Ce fut après la mort du vieux Tenducci qu'elle vint demeurer dans la rue de Tournon, où elle établit une espèce de cercle, demi politique et demi galant, fréquenté indistinctement par tous ceux qui avaient soit un nom, soit un titre ou même seulement une agréable figure. Les littérateurs, gens toujours un peu curieux, n'y manquaient pas ; quant aux femmes, c'était la portion rare de l'assemblée. « Je n'aime pas les femmes *franceisses*, » disait-elle dans son jargon ; les femmes *franceisses* lui rendirent un jour cruellement ses dédains. »

III

Esprit aventureux, âme inquiète, voici son signalement à cette époque.

Elle ne sait que faire ; l'amour l'ennuie, l'oisiveté la tue ; elle veut tâter du travail.

Les femmes timides ne voient dans le travail que celui qu'on attribue en général à leur sexe, la couture, la broderie, — l'aiguille en un mot ; Théroigne, quoique sans instruction et même sans éducation, mais qui dans sa vie légère s'est trouvée en contact avec des gens intelligents, n'hésite pas à choisir un métier plus relevé.

Elle se fait chanteuse! Elle va en Italie étudier, travailler (est-ce bien vrai?). Du moins là elle va attendre son heure, car c'est une femme pour qui l'obscurité est le tombeau.

A côté de son ambition, elle a des élans sincères pour sa famille ; elle a trois frères, elle les nourrit et les protége.

Voici ce qu'elle écrit de Gênes à Perrigaux en mars 1789 :

Gênes, 9 mars 1789.

« Monsieur

« je suis fort reconnoissente, des peines que vous vous êtes donné, pour me faire payer de Mr de Persan.

« je joint mon sertifiqua de vie bien en forme afin qu'il ne puisse plus trouver de detour est que vous puissiez en qua du moindre retar à me payer

les six mois echus ; et ceux qui vont échoire le moi
d'avril prochain, que vous soiez en droit dis-je d'en
agir avec riguer pour le forser a sacquiter avec moi
toutes de suite.

« je vous suis fort obligée monsieur de la bonté
que vous avez de me permete de tirer sur vous en
attendant que je sois payée, je vous prie donc d'envoyer une traite de cent loys a votre correspondant a
Genes ave ordre de payer M. Dourazzo, et de me donner le reste p⸱⸱r faire mon voyage jusqu'a Rome, est
en même temps il seroit a propos que vous eussiez la
bonté de m'envoyer une lettre pour votre correspondant a Rome, par qui vous me ferez tenir la mon
argent quand je serai payée.

« a l'égard de mes diaments je les enverai chez
vous quand je serai a Rome est vous les garderai jeus-
qu'a ce que mes talents me permete de retourner en
Angleterre.

« Si vous voulez avoir la bonté de m'envoyer des
lettres de recommandation pour Rome et pour Naples,
ou je conte aller quand j'aurai resté a Rome quelque
temps, je vous aurai infiniment d'obligation, j'écrirai
egalement a M. Hammerslys de m'en envoyer il m'a
deja recommandé a sont correspondant a Genes, je lui
dois beaucoup a cause de toutes les marques d'estime
qu'il m'a donnee. j'ai eu l'honneur de diner hier avec
votre ami le consul anglais qui a votre considération

m'a toujours fait beaucoup de politesse depuis que je suis a Genes.

« Je vous demande pardon de tant vous annuyer. j'ai cependant encore autre choses a vous demander. j'ai imaginé que vous pouriez me rendre ce servisse. cela me seroit d'autant plus agréable que je n'aurai pas besoins de recourir au servisse de mes prétendus amis.

« je suis venue en Italie pour chanter et étudier: j'ai conduis avec moi mes trois frères [1] l'un etudie la peinture et les deux autres le commerce comme je suis obligée de toujours voyager je voudrois établir l'aîné à Liege ou nous avons des parans qui sont dans le commerce. J'aurai besoin de trois mille livre ou trois mille livre et demis pour acheter une plase de controleur a mon frère ainé, afin que le revenu de cette petite plase fournise à ces besoin pandant qu'il etudiera dans un contoire.

« cependant je fait reflexion que si je mourois vous perderiez votre argent je voudrois rendre servise à mon frère et je suis assez embarasée, si vous vouliez seulement les avanser pour un ant vous les retienderez chaque six mois la moitiez avec les ainteret et vous seriez entièrement remboursé a conter du mois pro-

---

[1] Théroigne eut deux frères germains et un frère et une sœur consanguins.

chain dans un ant. Si vous voulez faire cela pour moi avec les aintérêt, je vous assure que je vous scrois fort obligée, j'an aurai priez M. Hammerslys, mais comme mes revenu sont en Frence j'ai crus qu'il étoit plus simple de vous en faire la proposition. je vous prie de me faire réponse a cette égard par le même couryer. Par que je ne prendrai aucune résolution sans savoir vos sentiment.

« Votre servante ANNE-JOSÈPHE THÉROIGNE.

« je vous prie d'adresser votre reponse au consuls anglois votre corespondant a Genes [1]. »

De nos jours, malgré l'orthographe que nous avons conservée, ou plutôt à cause de l'orthographe, on dirait : C'est une bonne fille !

Bonne fille soit ! — Mais méfiez-vous-en !

<h2 style="text-align:center">IV</h2>

Avec la révolution, la courtisane disparaît, ou plutôt s'efface, on ne voit plus que la furie !

La cravache à la main, les pistolets à la ceinture, elle parcourt Paris, haranguant, sabrant, tuant !

[1] Collection d'autographes de Goncourt.

On la voit aux Invalides ; elle entre une des premières, — un des premiers, dirons-nous plutôt, à la
Bastille ; — elle danse sur ses débris ; — elle mène à
Versailles « les femelles qui demandent *les boyaux* de
la reine ! »

Elle reçoit : on voit chez elle toute l'Assemblée
constituante, Camille Desmoulins et Robespierre,
Saint-Just et Chénier et Barnave et Péthion et Siéyès
et cent autres !

Mais la faim arrive ! Après un voyage dans son
pays et une incarcération en Autriche, elle revient à
Paris sans argent, sans bijoux, sans rien.

La misère l'enflamme : elle prêche ! elle crie ! elle
hurle ! On l'exalte, on la prône !

Mais à côté de cela que de moquerie, que de raillerie ! que de mépris !

« Un pamphlet la loge rue Trousse-Vache. Les
Sabats jacobites donnent : *Le Boudoir de mademoiselle Théroigne,* intermède civique ; on voit, sur une
espèce de toilette, un pot de rouge végétal, un poignard, quelques boucles de cheveux éparses, une
paire de pistolets, l'*Almanach du père Gérard,* une
toque, la *Déclaration des droits de l'Homme,* un
bonnet de laine rouge, un peigne à chignon, une
fiole de vinaigre de la composition du sieur Maille,
un fichu fort chiffonné, la *Chronique de Paris* et le
Courrier de Gorsas. On aperçoit dans le fond un lit

de sangle, décoré d'une paillasse, qui sert de lit de repos à la belle patriote et à ses nombreux adorateurs. A côté de la paillasse est une pique énorme près de laquelle on voit un superbe habit d'amazone de velours d'Utrecht. Le boudoir est orné de plusieurs tableaux agréables, tels que *la Prise de la Bastille, la Mort de MM. Foulon et Berthier, la Journée du 6 octobre 1789, l'Assassinat juridique de M. de Favras, les Meurtres commis à Nîmes, Montauban*, etc., *la Glacière d'Avignon* et autres jolis massacres constitutionnels. Mademoiselle Théroigne est dans le négligé le plus galant; elle a des pantoufles de maroquin rouge, des bas de laine noire, un jupon de damas bleu, un pierrot de bazin blanc, un fichu tricolore et un bonnet de gaze couleur de feu surmonté d'un pompon vert! [1] »

V

Somme toute, pour résumer, que voulait Théroigne?

A notre avis, elle aimait le tapage, le dévergondage, la licence. Elle entretenait cela autour d'elle.

---

[1] *Sabats républicains*, N° 65.

Comme MM. de Goncourt, nous ne lui ferons pas l'honneur de croire à ses aspirations généreuses et libérales; elle a prêché l'émancipation de la femme, mais sortant de sa bouche ce discours ne saurait convaincre personne.

En un mot, nous ne la prenons pas au sérieux. Théroigne ne représente nullement la femme émancipée, et le document suivant nous paraît tout simplement bouffon.

Madame Eugénie Niboyet, du reste, l'a refait en 1848. — Nous ne faisons pas un parallèle entre les deux femmes, loin de là, — mais à la manière dont la copie a été reçue, nous soupçonnons qu'elle a été la réception de l'original.

Voici le discours prononcé par Théroigne de Méricourt à la Société fraternelle des Minimes, place royale, le 25 mars 1792 :

« ... Citoyennes, n'oublions pas que nous nous devons toutes entières à la patrie; qu'il est de notre devoir le plus sacré de resserrer entre nous les liens de l'union, de la confraternité et de répandre les principes d'une énergie calme, afin de nous préparer avec autant de sagesse que de courage, à repousser les attaques de nos ennemis. Citoyennes, nous pouvons, par un généreux dévouement, rompre le fil de ces intrigues. Armons-nous, nous en avons le droit

par la nature et même par la loi ; montrons aux hommes que nous ne leur sommes inférieures ni en vertus
ni en courage ; montrons à l'Europe que les Françaises connaissent leurs droits et sont à la hauteur
des lumières du dix-huitième siècle, en méprisant les
préjugés qui, par cela seul qu'ils sont préjugés, sont
absurdes, souvent immoraux, en ce qu'ils nous font
un crime des vertus. Les tentatives que le pouvoir
exécutif pourra faire par la suite pour regagner la
confiance publique ne seront que des piéges dont
nous devons nous défier : tant que nos mœurs ne
seront pas d'accord avec nos lois, il ne perdra pas
l'espérance de profiter de nos vices pour nous remettre dans les fers.

« Il est tout simple, et vous devez même vous y
attendre, on va mettre en avant les aboyeurs, les
folliculaires soudoyés, pour essayer de nous retenir en
employant les armes du ridicule, de la calomnie, et
tous les moyens bas que mettent ordinairement en
usage les hommes vils pour étouffer les élans du pa-
triotisme dans les âmes faibles. Mais, Françaises,
actuellement que les progrès des lumières vous invi-
tent à réfléchir, comparez ce que nous sommes avec
ce que nous devrions être dans l'ordre social. Pour
connaître nos droits et nos devoirs, il faut prendre
pour arbitre la raison, et, guidées par elle, nous dis-
tinguerons le juste de l'injuste. Quelle serait donc la

considération qui pourrait nous retenir?... Nous nous armerons, parce qu'il est raisonnable que nous nous préparions à défendre nos droits, nos foyers et que nous serions injustes à notre égard et responsables à la patrie, si la pusillanimité que nous avons contractée dans l'esclavage avait encore assez d'empire pour nous empêcher de doubler nos forces. Sous tous les rapports, vous ne pouvez douter que l'exemple de notre dévouement ne réveille dans l'âme des hommes les vertus publiques, les passions dévorantes de l'amour de la gloire et de la patrie. Nous maintiendrons ainsi la liberté par l'émulation et la perfection sociale résultant de cet heureux concours. Françaises! je vous le répète encore, élevons-nous à la hauteur de nos destinées; brisons nos fers, il est temps que les femmes sortent de leur honteuse nullité où l'ignorance, l'orgueil et l'injustice des hommes les tiennent asservies depuis si longtemps; replaçons-nous au temps où nos mères, les Gauloises et les fières Germaines, délibéraient dans les assemblées publiques, combattaient à côté de leurs époux pour repousser les ennemis de la liberté. Françaises, le même sang coule toujours dans nos veines; ce que nous avons fait à Beauvais, à Versailles les 5 et 6 octobre et dans plusieurs autres circonstances importantes et décisives, prouve que nous ne sommes pas étrangères aux sentiments magnanimes. Reprenons donc notre énergie, car si nous voulons conserver notre liberté, il faut que nous nous préparions à faire les choses les plus sublimes.....

Citoyennes, pourquoi n'entrerions-nous pas en concurrence avec les hommes? Prétendent-ils seuls avoir des droits à la gloire? Non, non... Et nous aussi nous voulons mériter une couronne civique et briguer l'honneur de mourir pour une liberté qui vous est peut-être plus chère qu'à eux, puisque les effets du despotisme s'appesantissaient encore plus durement sur nos têtes que sur les leurs. Oui... généreuses citoyennes, vous toutes qui m'entendez, armons-nous, allons nous exercer deux ou trois fois par semaine aux Champs-Élysées, ou au Champ-de-la-Fédération; ouvrons une liste d'amazones françaises, et que toutes celles qui aiment véritablement leur patrie viennent s'y inscrire; nous nous réunirons ensuite pour nous concerter sur les moyens d'organiser un bataillon à l'instar de celui des élèves de la patrie, des vieillards ou du bataillon sacré de Thèbes.

« En finissant, qu'il me soit permis d'offrir un étendard tricolore aux citoyennes du faubourg Saint-Antoine [1]. »

---

[1] Discours prononcé à la Société fraternelle des Minimes, le 25 mars 1792, l'an 4e de la liberté, par mademoiselle Théroigne, en présentant un drapeau aux citoyennes du faubourg Saint-Antoine

VI

Que devint cette femme?

Quelques jours avant le 31 mai, voulant défendre Brissot aux Tuileries, les femmes l'entourent et la fouettent !

Et en sortant des mains de ces mégères, la belle Liégeoise, la pauvre Théroigne, est folle !

On la conduit à l'hôpital !

Malheureuse fille, les vingt dernières années de sa vie se passèrent d'hôpital en hôpital. De l'Hôtel-Dieu elle va à la Salpêtrière, de la Salpêtrière aux Petites-Maisons, puis on la ramène à la Salpêtrière où elle meurt, hideuse et avilie, le 8 juin 1817.

TABLE

www.ingramcontent.com/pod-product-compliance
Ingram Content Group UK Ltd.
Pitfield, Milton Keynes, MK11 3LW, UK
UKHW020238180726
13839UKWH00001B/41